Michael Kaiser

Mathematische Kultur *oder:* Platons methodische Wissenschaft

Michael Kaiser

Mathematische Kultur *oder:* Platons methodische Wissenschaft

Tectum Verlag

Michael Kaiser

Mathematische Kultur *oder:* Platons methodische Wissenschaft
ISBN: 978-3-8288-2536-9

Umschlagabbildung: Papyrusfragment der Politeia aus Oxyrhynchos, 3. Jh. n. Ch. | © commons.wikimedia.org

Besuchen Sie uns im Internet
www.tectum-verlag.de

Bibliografische Informationen der Deutschen Nationalbibliothek
Die Deutsche Nationalbibliothek verzeichnet diese Publikation in der Deutschen Nationalbibliografie; detaillierte bibliografische Angaben sind im Internet über http://dnb.ddb.de abrufbar.

1 Vorwort

Wenn ich der veröffentlichten Meinung Glauben schenken darf, dann befinden wir uns gegenwärtig nicht nur in einer ökonomischen, sondern auch in einer Bildungskrise. Nun ist dieses Phänomen nichts Neues, denn Bildungskrisen scheinen in unserer abendländischen Kultur dazuzugehören wie die Behauptung der Alten, die Jugend sei verdorben und habe keinen Respekt vor den kulturellen Errungenschaften. So beschwerte sich schon Sokrates vor über 2 300 Jahren darüber, dass die Jugend seiner Zeit verwahrlost sei.

Sokrates berühmtester und wahrscheinlich auch begabtester Schüler, Platon, der ihm ein Leben lang in dankbarer Verehrung verbunden geblieben ist, konzipierte ein Bildungs- und Erziehungsprogramm, dessen Residuen bis in unserer Gegenwart zu finden sind.

Vom Ende der Römerzeit bis ins späte Mittelalter orientierte sich die Bildungselite an dem platonischen Bildungsideal. Der mittelalterliche Bildungskanon umfasste sieben Themenbereiche.[1] Zu dem mehr sprachlich orientierten Trivium[2] Grammatik, Rhetorik und Dialektik traten die mathematischen Wissenschaften des Quadriviums hinzu, „die vier Pforten der Wissenschaft"[3], nämlich Arithmetik, Musik, Geometrie und Astronomie.[4] Platons Pro-

---

1 Wolfgang Schibel in seinem Vortrag: *„Die humanistischen Studien der frühen Neuzeit - eine Herausforderung"*, gehalten beim ersten Sprachfestival in der Universität Mannheim am 27.10.1994:

„Hier trat zu den Dichtern, Rednern und Historikern die Philosophie in Gestalt der aristotelischen Lehrschriften zur Logik bzw. Dialektik, zur Naturlehre, zur Metaphysik und schließlich zur Ethik hinzu. Erst nachdem man in diesen Disziplinen die Meisterschaft erworben hatte, also artium liberalium magister geworden war, erhielt man Zutritt zu den höheren Fakultäten Medizin, Jura oder Theologie. Viele freilich begnügten sich mit dem Abschluss der literarischen und philosophischen Studien und gingen als Lehrer an ein Gymnasium oder verblieben als Dozenten an der Artes-Fakultät. Wir sehen also, dass die humanistischen Studien nicht ein wissenschaftliches Fach unter anderen waren, sondern ein Vor- oder Grundstudium, dem sich alle unterziehen mussten, die eine Profession – als Mediziner, Juristen oder Theologen – anstrebten."

2 Im Universitätswesen des Mittelalters bildete das Trivium (lat. ‚Dreiweg') die Grundlage für das Quadrivium.

3 Cantor M., S. 578.

4 Unter Kultur versteht man Theater, Musik, Dichtung, bildende Kunst. Dass auch die Mathematik ein wesentlicher Teil der heutigen Kultur ist,

gramm „Bildung durch Wissenschaft"[5] wurde im 19. Jh. von Wilhelm von Humboldt neu konzipiert und fand seine Konkretisierung dann in der Gründung der Berliner Universität von 1810. Hierin liegt meine Motivation begründet, sich mit diesem Bildungsprogramm als das uns „nächste Fremde"[6] zu beschäftigen.

Diese Arbeit wurde von Gerd Irrlitz, meinem verehrten Philosophielehrer an der Humboldt-Universität zu Berlin, betreut und als Magisterarbeit im Fach Philosophie eingereicht. Prof. Volker Gerhardt, Humboldt-Universität, hat diese Arbeit mitbegutachtet. Dass in der Fülle der unüberschaubaren Literatur zu diesem Thema eine Auswahl getroffen werden musste, versteht sich von selbst. Für diese Arbeit habe ich mich an Wyller gehalten, der Folgendes schrieb:

> Platon selber, nicht durch Aristoteles oder durch die Doxographie, sondern durch seine eigenen Werke zu verstehen, bleibt mithin die höchste Aufgabe jeglicher Platon-Interpretation, die Platon eben „platonisch" verstehen will.[7]

---

wird dabei vergessen. Vielen gebildeten Menschen ist die mathematische Denkweise fremd. Die Mathematik ist in immer mehr Gebiete außerhalb der mathematischen Wissenschaft vorgedrungen, so zum Beispiel in die Physik, in neue Zweige der Technologie, in die Informatik, in die Biologie und sogar in die Ökonomie und die anderen Gesellschaftswissenschaften. Ohne Mathematik kann unsere moderne Volkswirtschaft nicht mehr existieren. Wirft man einen Blick in die Vergangenheit und vergleicht die heutige Situation mit der Situation bei den alten Griechen, so scheint in der Antike Mathematik als ein wesentlicher Teil der Kultur anerkannt gewesen zu sein.

5 Mittelstraß, S. 230.

6 Sehr lesenswert dazu: „Die Antike als das uns nächste Fremde" von Heinz Mundig (1990), S. 31-36.

7 Wyller, S. 4.

2 Einführung

Ich vertrete in dieser Arbeit die These, dass Platon sein Programm der methodischen Wissenschaft nicht um ihrer selbst willen entworfen hat, sondern dass vielmehr deren Zweck darin besteht, auf die gesellschaftliche Wirklichkeit einzuwirken.

Denn in unübertroffener Klarheit hat Platon die fundamentalen politischen Probleme und die mit ihnen verbundenen Alternativen seiner Zeit formuliert. Das gilt nicht nur für die Erkenntnis, dass das Politische eine ursprünglich menschliche Tatsache ist, sondern auch für die Einsicht in die moralische Eingebundenheit des politischen Lebens. Darüber hinaus hat Platon im Hinblick auf das Verhältnis zwischen politischer ‚Wissenschaft' und bürgerlicher Gesellschaft sowie die Verbindung von empirischen und normativen Verstehens politischer Prozesse Maßstäbe gesetzt.

Das heißt, dass das platonische Programm der methodischen Wissenschaft eine Veränderung der gesellschaftlichen Wirklichkeit bewirken soll und dies geschieht erst, so Platons Programm, dadurch, dass die theoretische Vernunft herausgebildet werden muss. Dies soll mit einem Bildungsprogramm, das wiederum Teil eines Erziehungsprogramms ist, unter Zuhilfenahme der Mathemata realisiert werden. Unter Mathemata sind die exakten Wissenschaften zu verstehen, das heißt konkret: Arithmetik, Astronomie, (rationale) Harmonielehre und Geometrie. Exakt bedeutet hier: sich mit mathematischen Mitteln bedienend und mit mathematischen Mitteln darstellbar. Diese vier Disziplinen, die dann auch im Mittelalter das Quadrivium der septem artes liberales bildeten, dienen nach Platon als Propädeutikum für die Herausbildung der theoretischen Vernunft, die wiederum die praktische Vernunft anleiten soll. Die theoretische Vernunft verfolgt also keinen Selbstzweck. Im weiteren Verlauf seiner Darstellung unterwirft Platon die Mathemata einer kritischen Untersuchung, wobei die Grenzen der Mathemata zum Vernunftprozess erkannt werden. Dabei spielt dann die Dialektik noch eine besondere Rolle.

Im Rahmen dieser Studie werde ich mich mit dem von Platon entworfenen Erziehungs- und Bildungsprogramm auseinandersetzen. Dieses findet vor allem in dem VI. und VII. Buch der *Politeia*[8] seinen Niederschlag. In diesen Büchern beschreibt Platon

---

8 Bei den Platonstellen beziehe ich mich auf die Übersetzung von Friedrich Schleiermacher. Die für diese Arbeit relevanten Stellen habe ich nachüber-

zutreffend sein Verständnis vom philosophischen Erkenntnisprozess. Aber auch in anderen Werken[9] hat uns Platon in Form von Dialogen wichtige Elemente seines Erziehungs- und Bildungsprogramms gegeben. Dieses Programm ist wiederum Teil eines bestimmten Verständnisses des Zusammenlebens von Menschen in einer Staatengemeinschaft.

Mir geht es zum einen um die Analyse des Begriffs der methodischen Wissenschaft bei Platon und zum anderen um deren gesellschaftliche Relevanz. Deshalb werde ich die anthropologischen Grundlagen, die meiner Meinung nach die wichtigsten Voraussetzungen zum Zugang des platonischen Gesellschaftsverständnisses darstellen, erörtern, um in einem weiteren Schritt den Zusammenhang zwischen Gerechtigkeit und politischer Ordnung, die Beziehung zwischen normativer und empirischer Verfassung sowie das Verhältnis zwischen Wissenschaft und Gesellschaft analysieren. Dabei werde ich so verfahren, dass ich den von Platon intendierten Sinn hinsichtlich seiner Begrifflichkeit und seiner zentralen Fragestellungen zu klären versuche.

Platons Programm kann meiner Meinung nach nicht von der damaligen gesellschaftlichen Wirklichkeit und deren Einflüssen auf Platon losgelöst betrachtet werden. Aus diesem Grund werde ich den gesellschaftlichen und intellektuellen Einfluss auf seine Philosophie am Anfang der Arbeit kurz darstellen. Die Kritik an den bestehenden Verhältnissen seiner Zeit war eines der Hauptmotive für Platon, ein Modell eines Idealstaates auszuarbeiten. So werde ich sein Modell einer gerechten Gesellschaft darstellen, um im Anschluss daran sein Erziehungs- und Bildungsprogramm zu beschreiben und zu analysieren.

---

setzt und wo ich es für angebracht halte, weise ich auf meine eigene Übersetzung hin. Die Zitationsweise der Stellenangaben folgt der dreibändigen Gesamtausgabe von Henricus Stephanus aus dem Jahre 1578. Die Anführung der Platonischen Werke erfolgt in der vorliegenden Arbeit generell ohne Angabe des Herausgebers, da hier für den Originaltext mit entsprechender Übersetzung überall ausschließlich Platon maßgebend ist.

9 Ich denke hier z. B. an den Dialog *Menon*.

3 Biographischer und philosophiegeschichtlicher Hintergrund

Platon lebte in einer Zeit des Übergangs; nämlich der Periode des Niedergangs Athens bis zum Aufstieg Makedoniens. In dem *Siebenten Brief* spricht zu uns ein Mensch, der in seiner Jugend in eine tiefe Krise geraten ist.[10] Ausgelöst wurde sie durch den krassen Widerspruch zwischen der von seiner gesellschaftlichen Stellung her vorbestimmten Laufbahn eines führenden Politikers, seiner eigenen Auffassung von den Aufgaben der Politik und dem Zustand der Welt, in der er hätte politisch tätig werden sollen. Das Ausbluten Athens im Peloponnesischen Krieg, die Herrschaft der dreißig Tyrannen, die Hinrichtung des Sokrates - das sind Ereignisse, die den Niedergang der Polis als soziale Gesamtordnung andeuten. Die Dauerkrise wurzelt vor allem in den sozialen Spannungen innerhalb der Stadtstaaten. Ihr politischer Ausdruck ist der Gegensatz zwischen der oligarchischen und der demokratischen Partei, der bis zu erbitterten Auseinandersetzungen führte. Mitberücksichtigen muss man außerdem den Krieg zwischen den Stadtstaaten als Dauerzustand in Griechenland. Ein großes Problem war ferner die Abhängigkeit der Demokratie von dem Einfluss führender Persönlichkeiten in der Volksversammlung. Die Sophisten waren es, die der politischen Führungsschicht der Zeit ihre Bildung vermittelten, insbesondere die jetzt höchst wichtige Fähigkeit des Redens betreffend. Doch welchen Sinn hat diese ganze Bildung, wozu dient die Rhetorik, wenn der Zustand der Polis nach wie vor in ‚vollständiger Verwirrung' ist? In einem antiken Stadtstaat wie Athen bestand also ein enger Zusammenhang zwischen Philosophie und Politik. In der athenischen Polis machte man die Erfahrung, dass der Inhalt der Gesetze von

> wechselnden Majoritäten abhing und also relativ war. Es bildete sich das gefährliche Schlagwort, dass das Recht nur der Vorteil des Stärkeren sei.[11]

---

10 Platon gibt uns in seinem *Siebenten Brief* den Hinweis, wie sehr seine Philosophie als Antwort auf die Krise seiner Zeit („Bedrängnis der menschlichen Gattung") verstanden werden muss. Das Fortwähren dieser Bedrängnis in der menschlichen Geschichte und die Höhe der Reflexion, die sein Denken erreicht hat, um eine Antwort zu finden, lassen es nicht verwundern, dass Platons Philosophie bleibende Bedeutung bewahrt hat.

11 Jaeger (1928), S. 37.

Sokrates' Bemühungen machen deutlich, dass jede Auseinandersetzung mit der Sophistik sich auf deren Boden abspielen muss. Das heißt, die Antwort kann jetzt nicht mehr ‚naiv' etwa aus der Religion oder dem Brauchtum hergeleitet werden, sondern muss in einem komplizierten Frage- und Begründungsverfahren gesucht werden. Mit der Sophistik ist das Wissen ein reflektiertes Wissen, ist Reflexionswissen geworden. Es ist zur Einsicht gekommen. Sokrates weist in einem weiteren Denkschritt das Ungenügen des sophistischen Relativismus auf. Aber gelangt Sokrates, der radikale Kritiker der Sophisten, wirklich über seine Gegner hinaus? Kann das Ziel des Wissens die Einsicht in das eigene Nichtwissen sein, wie es für ihn kennzeichnend ist? Muss das Wissen nicht, seinem eigenen Anspruch nach, auch in der Lage sein, eine positive Antwort auf die Frage der Zeit zu geben? Hier setzte die Denkarbeit seines bedeutenden Schülers an, die ihn zur Eigenständigkeit führte.

In diesem Zeitabschnitt, in dem nicht nur die alten Werte nicht in Frage gestellt worden sind, sondern auch abhanden gekommen sind, entstand das Bedürfnis

> nach einem sicheren praktischen Wissen [...], mit dem sich begründen lässt, welche Weise des individuellen und gemeinsamen Lebens die richtige ist.[12]

Diese Erfahrungen veranlassten Platon, ein staatliches Ordnungsgefüge, das sehr viel Platz für Reflexionen in Bezug auf historische und gesellschaftliche Erfahrungen bzw. auf das Entstehen und den Verfall von Staaten und politischen Systemen enthält, auszuarbeiten. In der von Platon konzipierten Ordnung ist für Politik im Sinne eines durch Institutionen vermittelten Ausgleichs von Interessen kein Platz.

Nach dem Tode seines Lehrers Sokrates unternimmt Platon um 390-388 v. Chr. die ersten Reisen ins Ausland. Er begibt sich nach Megara, wo er sich für einige Zeit bei dem Sokratesschüler Euklid aufgehalten hat. Julia Annas gibt als ein mögliches Motiv für seine Reise an[13]:

> Zweifellos wollten sie (Platon und eine Reihe seiner anderen Freunde, Anmerk. d. Verf.) nicht das gleiche Schicksal wie Sokrates erleiden; aber Megara war auch

---

12 Wolf, S. 24.

13 Annas, S. 371.

für seine philosophische Schule bekannt, die großes Gewicht auf die Logik legte.

Weiter besucht Platon Ägypten, wo er angeblich dreizehn Jahre lang in der Priesterstadt Heliopolis gelebt haben soll. Diese wohl etwas übertriebene Information stammt von dem Geographen Strabo, der in seinem Buch *Geographie* schreibt[14]:

> Dort [in Heliopolis] zeigte man nun die Häuser der Priester und die Aufenthaltsräume von Platon und Eudoxos. Denn Eudoxos kam mit Platon hierher und sie blieben hier mit den Priestern zusammen dreizehn Jahre lang, wie manche erzählen.

In Kyrene, einer der weiteren Stationen, lernte Platon den Mathematiker Theodoros kennen.[15] Nach Diogenes Laertius[16] soll Theodoros Platons Lehrer gewesen sein und ihn in die Mathematik eingeführt haben.

Schließlich unternahm Platon die erste Reise nach Süditalien, Magna Graecia, wo er unter anderem die blühende Stadt Tarent besuchte. Auf dieser Reise trat er mit dem Pythagoreer Archytas in Verbindung und hat dort selbst reiche Anregungen aus dem Pythagoreismus empfangen.[17] Das Kennenlernen mit Archytas fällt in eine Zeit, in der der erste und entscheidende Kontakt Platons mit dem Pythagoreismus stattgefunden haben soll. Platon müsste 32-36 Jahre alt gewesen sein[18], als ihn im ersten Jahrzehnt des 4. Jahrhunderts Archytas von Tarent und Theodoros von Kyrene in die Mathematik - insbesondere in das mathematische Irrationale - eingeweiht haben. Sie waren es, die in ihm die Neigung zum Studium der Mathematik bzw. Geometrie und Naturwissenschaften wachriefen. Archytas war jener Pythagoreer, der Platon in die religiösen, ethischen und wissenschaftlichen Ideen der Pythagoreer eingeführt hat. Da muss er - wie gesagt - zum ersten Mal auch mit dem mathematischen Irrationalen in Berührung gekommen sein. Denn die Pythagoreer waren es hauptsäch-

---

14 Strabo, ed. Page, S. 82, § 29.

15 Nach Diogenes Laertius, III, 6.

16 Mittelstraß, ibid.

17 Gaiser ([3]1998), S. 391: *„Die enge Freundschaft, die Platon mit dem Kreis der Pythagoreer verband, geht sicher bis in die Zeit der frühen Werke zurück. Mit Sicherheit bestand sie seit der ersten Reise, also etwa seit 390/388 v. Chr."*

18 Vogt, S. 141.

lich, die ihn in die Zahlenmystik und das mathematische Irrationale einweihten.

> Platon war nun mit den Lehren der Pythagoreer vollständig vertraut. Die Vermittlung habe er in erster Linie den (in Sizilien gekauften) Schriften des Philolaos[19] zu verdanken.[20]

Es ist ziemlich sicher, dass die ersten Informationen Platons über die Lehren der Pythagoreer und damit die ersten Anregungen für sein mathematisch orientiertes philosophisches System in diesen Schriften des Philolaos ihren Ursprung haben.

Die erhaltenen Zeugnisse sprechen dafür, dass Platon zweifellos sehr enge Beziehungen mit den Pythagoreern hatte und dass ihre religiösen, ethischen und wissenschaftlichen Ideen einen großen Einfluss auf das Denken Platons ausübten.[21] Hankel schreibt[22],

> er [Platon, Anmerk. d. Verf.] hat von den Pythagoreern, mit denen er in Großgriechenland und Athen viel verkehrt hatte, nicht nur mathematisches Wissen, sondern auch die Anschauungen von der allgemeinen realen Bedeutung der Zahl- und Raumverhältnisse angenommen.

Platon hat so viel von der Lehre der Pythagoreer in seine eigene übernommen, dass man, wenn auch etwas übertrieben, sagen kann, „Platons Lehre sei zu einer Modifikation des Pythagoreismus zusammengeschrumpft“[23].

Aber nur ein einziges Mal wird Pythagoras von Platon erwähnt. Platon scheint Pythagoras als den Initiator des bios pythagoreios zu loben, er wird dadurch positiv von Homer abgehoben (*Politeia* X 600ab). Wie genau diese Lebensform aussah, erklärt Platon nicht, vielleicht setzt er das als bekannt voraus. Genauso werden auch die Pythagoreer nur ein einziges Mal gestreift:

> Es scheinen ja, sprach ich, wie die Sternkunde die Augen gemacht sind, so für die harmonische Bewegung die Ohren gemacht, und dieses zwei verschwisterte Wissenschaften (epistêmai) zu sein, wie die Pythago-

---

19 Diogenes Laertius, III, 8-9.

20 Hoppe, S. 134.

21 Van der Waerden (1979), S. 284.

22 Hankel, S. 128.

23 Kuhn, S. 156.

räer behaupten und wir zugeben, oder wie sonst tun? (*Politeia*,VII 530d)

„Die pythagoreische Gedankenwelt", so Apelt, „war für Platon die Vorschule für seine eigene Philosophie"[24], und „es ist anzunehmen", wie Konrad Gaiser vermutet, „dass Platon selbst in der pythagoreischen Mathematisierung der Realität eine besonders wichtige Voraussetzung seiner eigenen Philosophie gesehen hat."[25] „Die Bedeutung des Pythagoreismus für die Formation der platonischen Philosophie", schreibt Kuhn, „steht ebenso außer Frage, wie die des Sokrates, des Anaxagoras, des Parmenides und des Heraklitismus."[26] Diogenes Laertios berichtet:

> Er fasste die Lehren des Heraklit, der Pythagoreer und des Sokrates zu einer Einheit zusammen. Denn in seiner philosophischen Lehre wird die sinnliche Erkenntnis nach Heraklit, die gedachte Erkenntnis nach Pythagoras und die praktischpolitische nach Sokrates beurteilt. Einige erzählen, er habe dem Dion nach Sizilien den Auftrag gesandt, drei pythagoreische Bücher vom Philolaos für hundert Minen zu kaufen.[27]

Wie auch immer, die Beziehung Platons zu den Pythagoreern ist eine Tatsache. Dies folgt auch aus den Schriften des Aristoteles, der der Lehre der Pythagoreer große Aufmerksamkeit schenkte. Aristoteles schreibt in der Metaphysik[28]:

> Μετὰ δὲ τάς είρημνας φιλοσοφίας ἡ Πλάτωνος ἐπεγένετο πραγματεία, τὰ μὲν πολλὰ τούτοις ἀκολουθοῦσα.
>
> Nach den genannten philosophischen Lehren [der Pythagoreer] folgte die Lehre Platons, welche sich in den meisten Punkten an diese anschloss.

Auf Sizilien traf er 397 Dion. Diesen Tyrannen wollte er für seine politischen Ideen gewinnen, geriet aber mit diesem deshalb in scharfen Konflikt. Noch zweimal (367 und 361) folgte Platon dem Rufe seines Freundes Dion nach Sizilien. In Syrakus versuchte er den jüngeren Dionys von seinem Staatsideal zu überzeugen, aber beide Male musste Platon enttäuscht seinen Versuch aufgeben,

24 Apelt, S. 138.

25 Gaiser ([3]1998), S. 296.

26 Kuhn, S. 156.

27 Diogenes Laertius, III, 8-9.

28 Aristoteles, *Metaphysik I* 987a 29-31.

erst recht, als Dion 353 ermordet wurde.[29] Zurückgekehrt in Athen, gründete der inzwischen Vierzigjährige, und beeinflusst von der Pythagoreischen Lehre, dann im Nordwesten von Athen, außerhalb des Mauerrings, im Hain eines Ortsheiligen mit dem Namen Akademos eine Kultgemeinschaft zur Verehrung Apollons und der Musen: die Ἀκαδήμεια (‚Akademie'). Von nun an wendete sich Platon dem inneren und äußeren Aufbau seiner Akademie zu.[30]

3.1 Die Akademie

In dieser zum Teil nach pythagoreischem Vorbild errichteten Lebensgemeinschaft wirkte Platon etwa von seinem vierzigsten Lebensjahr an bis zu seinem Tode als über Achtzigjähriger im Jahre 347. Die Mitglieder der Akademie verzichteten weitgehend auf Materielles - insbesondere geschäftliche Betätigung - und auf leibliche Genüsse und widmeten sich als φιλόσοφοι dem intensiven Streben nach sittlicher Vervollkommnung durch Gewinnung von Erkenntnissen. Die Organisation der Akademie geschah nach dem Muster der pythagoreischen Schulen in Süditalien, mit denen Platon während seiner Reisen dorthin Kontakt hatte. Dort schulte er seine Schüler „in der Kunst der sokratischen Gesprächsführung über Staatsethik und die sokratischen Begriffe"[31]. Das Hauptmittel dazu war das Miteinander-Reden (διαλέγεσθαι), der Dialog (διάλογος). Das war kein ungeregeltes Geplauder, sondern ein zielgerichtetes denkerisches Kooperieren durch präzise Fragestellung und kreisende Versuche, die Frage immer besser, das heißt: widerspruchsärmer, klarer, leuchtender, evidenter zu beantworten. Dieses gemeinschaftliche geistige Ringen um Klarheit in Begriffen, Definitionen, Kausalzusammenhängen hat Platon in den Schriften, die er für die Öffentlichkeit verfasste und die er folgerichtig ‚Dialoge' nannte, als beispielhafte Rechenschaftsberichte

---

29 Krefeld, S. 115: *„Der Freimut, mit dem Platon dem Tyrannen gegenüber seine Ansichten vertrat, hatte aber zur Folge, dass dieser ihn loszuwerden suchte und auf der Heimreise sogar hinterrücks in Ägina auf dem Sklavenmarkt verkaufen ließ. Doch war Platon wieder freigekauft worden. Am Hofe des Dionysios hatte Platon den jungen Dion, einem Schwager des Tyrannen, zum Freunde und Anhänger gewonnen".*

30 Vgl. u. a. Eckstein, S. 80.

31 Ibid.

vom Tun der Kultgemeinschaft nachgebildet.[32] Bedeutsam ist dabei, dass er dieses Tun der Kultgemeinschaft niemals als eine Negation ‚normalen' Lebens in der Gesellschaft verstand, sondern als eine andere, eine - wie er hoffte - wirksamere Form der Hilfe für die Gesellschaft, wirksamer als die, die Sokrates betrieben hatte.

3.2 Die staatsphilosophischen Ausführungen in der *Politei* und *Nomoi*

Platons Hauptwerk, die *Politeia,* hat er nach der ersten sizilischen Reise (389/8) und nach der Gründung seiner Akademie (387) unter dem Eindruck seiner ersten Erfahrungen mit der großen Politik verfasst, wahrscheinlich in den Jahren 383-374. Die in der *Politeia* verfassten Gedanken über den Staat und seine gerechteste Ordnung hat Platon, wenn man sie von der retrospektiven Beurteilung des *Siebenten Briefes* betrachtet, in persönlichem Einsatz und existenziellem Engagement zu verwirklichen versucht. Das Werk gilt somit für Platon selbst als zentral. Das allgemeine Thema seiner *Politeia* ist die Frage nach der Gerechtigkeit. Aus dem siebten Buch der *Politeia* geht hervor, dass Platon seinen Idealstaat

32 Platon schreibt keine staubgesättigten Traktate. Er setzt lebendige Menschen in lebendige Umgebungen und lässt diese miteinander reden. Die Form der platonischen Philosophie ist kein Resultat einer literarischen Vorliebe oder eines literarischen Stils, der Dialog ist notwendig, weil sich erst im Dialog die platonische Philosophie entfaltet. Mit der Schrift und mit Platon kam die Theorie als Modell von objektiver Wahrheit. Über sein literarisches Selbstverständnis erfahren wir etwas aus dem Abschnitt des *Phaidros* (274b-278e), in dem er über Sinn und Unsinn der Schrift spricht. Das Geschriebene ist gegenüber dem lebendigen, von Mensch zu Mensch gesprochenen Wort minderwertig, allenfalls gut als Gedächtnishilfe, ein schönes Spiel; es müsste Gegenstand weiterführender Gespräche mit dem Verfasser werden. Das alles passt auf Platons Schriften; zwar ist nichts direkt über sie ausgesagt, aber die Beziehung scheint doch von Platon gewollt zu sein. Mit dem vielschichtigen Begriff des ‚Spiels' hat er vielleicht das Wesen seiner Dialogdichtung im innersten Kern bezeichnet. Man trifft sich etwa nach einer Theateraufführung im Haus des preisgekrönten Stückeverfassers zur Feier der gelungenen Premiere. Bei Wein und Scherzen kommt die Frage auf: ‚Was ist die Liebe (Eros)?' Reihum soll jeder eine Rede halten, die die Antwort gibt. Als man dann endlich auseinandergeht - es ist schon früher Morgen - weiß man gewiss immer noch nicht, was Liebe ist; hat aber diese eine Sache - was denn Liebe sei - in einem Umkreis betrachtet, von dessen Größe man zuvor nicht einmal etwas ahnte. Hervorgelockt durch die Lektüre eines einzigen von Platons Dialogen: des *Symposions.*

nicht nur lehren, sondern auch verwirklicht sehen wollte. In verschiedenen mittelalterlichen Handschriften[33] trägt der Dialog *Politeia* den Untertitel *πολιτεία περὶ τοῦ δικαίου.* Die in beiden möglichen Fällen des Lesens richtige Übersetzung ‚über das Gerechte' und ‚über den Gerechten' lässt natürlich fragen, was gemeint ist. Ich meine, es geht um beides, denn für Platon ist die Frage nach dem Leben des Gerechten nicht trennbar von der Frage nach der Gerechtigkeit. So zeigt sich an dem Untertitel schon, wie das Hauptthema des Dialoges lautet, es geht um den Gerechten und die Gerechtigkeit und nicht primär um eine Staatslehre. Die in der *Politeia* behandelten Themen reichen aber von Staatsphilosophie über Erziehungslehre, Theologie, Psychologie bis zu Erkenntnistheorie und Metaphysik. Doch alles kreist um die Frage der besten Verwirklichung der Gerechtigkeit.

Platon befindet sich auf dem Höhepunkt seines Schaffens; die Ideenlehre ist im Wesentlichen entwickelt, sieht man von der Reflexion auf sie im *Parmenides* oder im *Sophistes* einmal ab. Die *Politeia* nimmt an vielen Stellen auf sie Bezug. Etwas entscheidend Neues aber rückt nun mit diesem Werk in Platons Interesse. Er behandelt jetzt nicht nur an die Adresse des Einzelnen gerichtete Fragen, die er den Sokrates in den frühen Dialogen formulieren ließ, was z. B. das Schöne sei, das Besonnene, die Tapferkeit oder die politische Tugend, sondern sein Denken umfasst den die Existenzweise des πολίτης, des Bürgers, unmittelbar tragenden Lebensraumes, die Verfassung der Polis, der Stadt, und zwar die

---

33 Ab 1483 zirkulierten Platons Werke in gedruckter Form, zuerst in der lat. Übersetzung des Marsilius Ficinus, dann griech. 1513 bei Aldus Manutius in Venedig. Zitiert wird noch heute nach den Seitenzahlen der Pariser Ausgabe von Stephanus von 1578. Die mittelalterlichen Manuskripte, die dazu herangezogen wurden, kamen aus den verschiedensten Orten, und allererst mit dem Druck konnte man alle diese vorher verstreuten Manuskripte vergleichen, um so an das heranzukommen, ‚was Platon wirklich geschrieben hat'. Tatsächlich ist genau das aber für immer verloren, skriptographische Textüberlieferung lässt Unschärfen entstehen, wie wir das in unserer typographischen Tradition leicht vergessen – das Früheste und Ursprünglichste, was wir von Platon haben, sind die Manuskripte des Mittelalters. Die humanistische Arbeit an diesen Manuskripten brachte dann die kanonische Form des Corpus Platonicum hervor. Aus dieser Situation ergibt sich die auf den ersten Blick vielleicht paradox erscheinende Konsequenz, dass man, will man möglichst genau sein, Unschärfen zulassen muss, dass man nicht vorschnell Widersprüche in ‚Platons Denken' auflösen darf. Mit dem Corpus Platonicum hat man aber genug Material, um textimmanente Zusammenhänge und Inkonsistenten herauszuarbeiten.

von Athen. Platon versuchte mit seinem Wissen, dass er auf den Reisen in Ägypten, Kyrene und Unteritalien sowie im Umgang mit Sokrates und im Studium der Dichter und der Vorsokratiker, aber auch in der Auseinandersetzung mit den Sophisten erworben hatte, eine erste Alternative zur politischen Praxis seiner Vaterstadt in Form einer Schrift über den Staat zu entwickeln, die er später in den *Nomoi* aufgrund weiterer Erfahrungen modifiziert hat. Das abschreckende Beispiel der Tyrannei der ‚Dreißig' mag ihn außerdem zu Reformideen bewogen haben. Platon prüft sich in diesem Werk selbst, ob seine Philosophie sich für den Entwurf einer politischen Theorie eignet, wie sich die ontologischen und erkenntnistheoretischen Einsichten seiner Ideenlehre für diesen Zweck subsidiär verwerten lassen. Der Ausgangspunkt dieses Kompendiums der Philosophie ist die Frage, wie sich das Leben des Gerechten zum Leben des Ungerechten verhält und welches besser und dadurch nützlicher ist.

> Wenn die alten Gesetze und Sitten nicht mehr akzeptiert werden, wenn faktisch keine neue Ordnung in Sicht ist, dann kann uns nur eine praktische Weisheit weiterhelfen, die weiß, wie die Gemeinschaft richtig zu organisieren und zu reagieren ist.[34]

Hier wird nur vordergründig eine Perspektive des Gemeinwesens betrachtet, denn das Individuum wird als Teil der Polisgemeinschaft gesehen und damit ist das einzelne Leben von dem der Polisgemeinschaft nicht zu trennen. Nippel formuliert es so: „Die *Politeia* ist somit nicht nur eine politische Theorie, sondern auch eine Allegorie der menschlichen Psyche."[35] Und Konrad Gaiser schreibt über das ‚Verhältnis' von Seele und Staat[36]:

> Auch die „Idee" des Staates hat, so verstanden, ihren seinsmäßigen Ort im Bereich der Seele. Von diesem Sachverhalt her ist zu erklären, dass Platon in der *Politeia* den Aufbau des Staates und die Gliederung der menschlichen Seele als analog betrachtet und sie im Lauf des Gesprächs stets aufeinander bezieht und wechselseitig erhellt. ... Freilich ist anzunehmen, dass auch in der *Politeia* nicht die ideale Struktur des Staates unmittelbar beschrieben ist, sondern eine sinnfällige Annäherung, wie sie im Bereich der Erscheinungen

---

34 Wolf, S. 23, vgl. *Siebenter Brief* (326a5ff.).

35 Nippel, S. 32.

36 Gaiser (^{3}1998), S. 106.

> unter besonderen Umständen verwirklicht werden könnte.[37]

Die *Politeia* und die *Nomoi* sind als Entwürfe, gedankliche Konstruktionen zu verstehen, nicht als unmittelbare Anleitung im Sinne eines politischen Programms. Umso bedeutsamer ist es, dass Platon vor der Frage der geschichtlichen Verwirklichung seiner Vorstellungen nicht zurückgeschreckt ist - die zur Philosophie gehörende Spannung zwischen Theorie und Praxis tritt hier schon mit ihrer ersten wirklich umfassenden Ausprägung zutage. Platon wollte seinen Idealstaat verwirklichen, wie die Reisen nach Syrakus (366 und 361) zeigen und über die der im Alter verfasste *Siebente Brief* (ca. 354) ausführlich Rechenschaft ablegt. Er wollte aktiv etwas tun, um Gerechtigkeit zu verwirklichen. Andererseits war sein literarisches Ziel, genauso den Leser zu motivieren, der Frage selbst nachzugehen.[38] Karl Vorländer schreibt[39]:

> Sein Staat ist nach Maßgabe eines „Urbildes" ausgedacht, hat also eine Idealität, die von der Erfahrung nie ganz erreicht werden kann, aber doch annähernd ... Dazu soll eben die neue Erziehung, die er selbst in seiner Akademie zu verwirklichen suchte, helfen.

---

37 Inwieweit Platon eine Objektivierung der Seele z. B. im Bereich des Mathematischen sieht, kann hier nicht weiter eingegangen werden. Es spricht meiner Meinung nach einiges dafür, dass die platonische Ontologie so interpretiert werden kann.

38 Ob Platon letztlich an seiner eigenen Fiktion gescheitert ist, wäre eine eigene Arbeit wert.

39 Vorländer, S. 151.

4 Die notwendige Stabilität innerhalb eines Staatsgefüges

Die Polis und die damit verbundene Frage nach dem besten Staat standen für Platon während seines ganzen Lebens im Mittelpunkt seines Denkens. Viele Bestimmungen, die Platon entwirft, zielen auf die notwendige Stabilität des Staates ab. Damit wird ein originäres Anliegen Platons deutlich: das Interesse an Stabilität innerhalb eines Staatsgefüges.

> Platon geht ganz selbstverständlich davon aus, dass wir soziale Wesen sind und unsere natürliche Erfüllung im politischen Leben finden, und fragt von da aus, wie es am besten organisiert werden kann.[40]

Ein gut regierter Staat ist für Platon ein Staat, in dem das sittlich gute Leben des Bürgers an erster Stelle steht. Der Staat ist kein Mechanismus zum Ausgleich widerstreitender Interessen, sein Ziel ist vielmehr die Schaffung tugendhafter Bürger. Für Platon ist der Mensch erst wirklich er selbst, sofern er in einer sozialen Ordnung steht. Das Ziel des Staates ist die Glückseligkeit aller, indem jeder das seiner Natur gemäße gemeinschaftlich in Harmonie mit dem Ganzen verwirklicht. Im gerechten Staat wird die Mehrheit das Richtige tun, aber nicht weil sie selbst gerecht ist und völlig einsieht, was das Richtige ist, sondern aus äußeren Gründen. Hier hat natürlich Platon ideale Bedingungen im Auge.

> Der altgriechische Staat, an dessen Aufbau Plato seine Erziehungspläne anknüpft, hatte noch nicht die Spaltung zwischen dem sittlichen Denken des Einzelnen und dem Willen des Staates gekannt, von der Platos Gesellschaftskritik, wie wir sahen, ihren Ausgang genommen hat. Darum ist für Plato das philosophische Problem des Staates gleichbedeutend nicht mit dem Studium von Institutionen und Verwaltungsfragen, mit staatsrechtlicher Konstruktion oder realer Machtpolitik, sondern mit dem Finden der höchsten, unverrückbaren Norm alles menschlichen Handelns, nach der Sokrates gesucht hatte, er, den Plato deshalb im *Gorgias* in Gegensatz zu den berühmten Realpolitikern seines Volkes von Miltiades bis Perikles stellt und den paradoxen Satz

40 Annas, S. 374.

aussprechen lässt: „Ich bin, so glaube ich, der einzige wahre Politiker meiner Zeit".[41]

Die Frage ist aber, wie diese ‚höchste, unverrückbare Norm menschlichen Handelns' objektiv möglich ist. Die Beantwortung dieser Frage führt Platon zu seinem Begriff von Gerechtigkeit.

4.1 Das Wesen der Gerechtigkeit

Platon fasst Gerechtigkeit auf, ‚dass jeder das Seinige' verrichtet.[42] Woher aber wissen wir, was ‚das Seinige', der Natur eines jeden Menschen Entsprechende ist? Platon greift hier auf seine auf der Grundlage einer rein apriorischen Konzeption[43] der menschlichen Natur ausgearbeiteten Anthropologie zurück. Platon unterscheidet drei Bestandteile der Seele: das Begehrliche (επιθυμητικόν), das Mutige (θυμοειδής) und das Vernünftige (λογιστικόν). Je nach der Vorherrschaft eines dieser Seelenteile in einem Menschen teilt er ihn einem der drei Stände zu, in die er das Ganze untergliedert. Es sind dies das Volk (Nährstand), die Wächter/Soldaten und die Herrscher (Philosophen). Den drei der Seele zufallenden Tugenden ordnet Platon eine vierte über: die Tugend der Gerechtigkeit (δικαιοσύνη). Diese herrscht, wenn alle Seelenteile die ihnen zukommende Aufgabe und Tätigkeit in ihrem jeweiligen Maß erfüllen.

Was einen gerechten Staat ausmacht, ist wegen der Größe des untersuchten Gegenstandes leichter zu erkennen, als das, was einen gerechten Menschen ausmacht (II 368d/e). Deshalb soll in einem Gedankenexperiment eine ideale Stadt, also ein vollkommen gerechter Staat, vorgestellt werden, um herauszufinden, was Gerechtigkeit (II 369b) ist, um dann, wenn das Wesen der Gerechtigkeit im Staate erkannt ist, die Untersuchung zum ursprünglichen Ausgangspunkt zurückzukehren, nämlich zur Frage nach der Gerechtigkeit im Einzelmenschen, die sich als Harmonie der Seelenteile erweist. Die Gerechtigkeit im Staate wird also isomorph auf den Einzelnen übertragen. Die Definition der Gerechtigkeit ist dann plausibel, wenn sie sich von der Stadt auch auf den Einzelnen als das kleinere Untersuchungsobjekt übertragen lässt

---

41 Jaeger (1928), S. 42f.

42 Die Definition der Gerechtigkeit finden wir in IV 433b4 (ἡ δικαιοσύνη εἶναι, τὸ τὰ αὑτῦ πράττειν) und präzisiert in IV 433d4/5: *„Dieses […] scheint die Gerechtigkeit zu sein, dass jeder das Seinige verrichtet."*

43 Und damit ist diese Konzeption zeitlos.

(IV 434d).[44] Und so lassen die platonischen Gesprächsteilnehmer „in Gedanken eine Stadt entstehen", da sie hoffen, so an einem größeren Ganzen das Entstehen von Gerechtigkeit und Ungerechtigkeit besser erkennen zu können. Sokrates sagt, der gerechte Staat sei vielleicht nur ein im Himmel aufgestelltes Muster, aber der gerechte Mensch könne es betrachten und danach handeln. Es ist jedoch bezeichnend, dass wir uns vom Gerechten erst dann eine adäquate Vorstellung machen können, wenn wir wissen, was der gerechte Staat ist.

Gerechtigkeit gibt es an Individuen wie auch an ganzen Stadtstaaten[45]. Ein gerechter Mensch soll also der gerechten Stadt ähnlich sein. Auf den Staat übertragen, heißt dies, dass der Ausdruck der δικαιοσύνη die Harmonie des ganzen Staatsgefüges ist.[46]

> Die größte aber und bei weitem schönste Weisheit ... ist die, welche in der Staaten und des Hauswesens Anordnung sich zeigt, deren Namen Besonnenheit ist und Gerechtigkeit (*Symposion* 209a5-b1).

Aus der Gerechtigkeit im Staate, die die höchste aller Tugenden für Platon darstellt und von der Gesellschaft auf das Individuum übertragen wird, resultiert die Idee des Guten, die durch die Ordnung stabilisiert wird. Die Ordnung ist für Platon ein instrumentales Prinzip. Diese Idee ist der Grund von allem; denn ohne sie wäre theoretische und praktische Verfolgung von als gut vorausgesetzten Zwecken nicht möglich. Das Gerechte wird erst durch die Idee des Guten nützlich und heilsam (vgl. VI 505a). Zum guten Leben gehört außer der inneren Harmonie auch die äußere, das Leben im Staat, in der Polis.

---

44 Gelingt die Übertragung nicht, so muss an der Definition der Gerechtigkeit im Staat etwas geändert werden. Die Definitionen sollen gegeneinander gerieben werden, damit die Gerechtigkeit daraus entspringt wie ein Funke aus zwei Feuersteinen. (IV 434e/435a).

45 Der griechische Begriff *Polis* meint sowohl Stadt als auch Staat. Bereits in spätmykenischer Zeit hatte sich am Abhang der Burgen eine Unterstadt gebildet, in der sich Handwerker und Kleinhändler ansiedelten. Dort gab es bald auch einen Markt, besonders in der Nähe von Hafenplätzen. Die Aristokraten lebten zwar meist auf ihren Landgütern, brauchten aber ebenfalls eine Stadtwohnung, wenn sie zu ihren Beratungen zusammenkamen oder das Volk zu einer Versammlung beriefen. Auf diesen Voraussetzungen beruht die Bildung des griechischen Stadtstaates, der Polis. Vgl. Lauffer, S. 28f.

46 Damit tritt vielleicht auch eine typisch griechische Denkweise in Erscheinung: Das Harmonische, das Maßvolle mit der Tugend in Verbindung zu setzen.

4.2 Die Entwicklung der Staatsprinzipien anhand der Entstehung eines Staates

Die Urform des Staates ist der Staat des rein Notwendigen. In diesem Staat leben Bauern, Handwerker und Händler (II 368b-372c). Dieser besteht aus einem Bedürfnis (χρεία) des Menschen aus seiner natürlichen Schwäche heraus, es ist also nicht der Vertragsstaat der Schwächeren gegen die Stärkeren (II 359a). Es ist sehr interessant, dass Platon den Staat aus dem Bedürfnis entstehen lässt, „weil jeder Einzelne von uns sich selbst nicht genügt, sondern vieler bedarf" (II 369b6-7). Er nimmt also eine bestimmte Stufe von Arbeitsteilung und Warenaustausch als vorteilhaft und notwendig an. Die Arbeitsteilung, so behauptet Platon, sei nicht künstlich, sondern entstehe natürlich, denn jeder Mensch sei von Natur aus für eine bestimmte Arbeit besser geeignet als für eine andere.[47] Diesem ‚gesunden Staat', in der jeder innerhalb seines Berufes „eines seiner Natur gemäß zu rechten Zeit mit allen andern unbefasst verrichtet" (II 370c4-5), stellt er den ‚üppigen Staat' gegenüber. Der ‚üppige Staat', die zweite Urform des Staates, ist nicht nur Gegenbild des ersten, sondern seine zweite Schicht, die sich über die erste lagert, ja lagern muss, weil sie sich wieder aus der Natur des Menschen entwickelt. Die treibende Kraft wird diesmal nicht explizit genannt, ist aber aus der Aufzählung ihrer Objekte (z. B. Liegebetten, II 373a) zu erkennen: Es ist die Lust, die Freude, der Trieb (επιθυμία), die Emotion der tiefsten Seelenschicht des Menschen, des erst später erklärten ‚Triebhaften' (επιθυμητικόν, IV 439d). Platon wollte damit nicht nur ein Gegenbild des ‚gesunden Staates' in schwarz malen. Das erkennt man aus zweierlei Gründen: Einmal hat hier alle Kultur ihren Ursprung (man konnte die Kultur ja nicht aus den naturnotwendigen Trieben ableiten), die auch im vollendeten Staat ihren Platz

47 In dem platonischen Staatsmodell bzw. in seiner Gesellschaftstheorie finden wir auch eine moderne Wirtschaftskonzeption wieder. Das hohe Maß inhaltlicher Übereinstimmung zwischen verschiedenen modernen Einführungen in die Volkswirtschaftslehre und Platons genetischer Staatsdefinition ist verblüffend. Ist Platon so modern oder ist die heutige Volkswirtschaftslehre so antiquiert? – Der anthropologische Ansatz sowohl bei Platon als auch bei den Wirtschaftstheoretikern lässt diese provozierende alternative Fragestellung als unangemessen erscheinen: Das anthropologische Axiom der Defizienz der menschlichen Natur hat bisher nichts an Evidenz eingebüßt. Dies bestätigt auch ein Blick auf weitere repräsentative Definitionsversuche wirtschaftlichen Handelns von Aristoteles bis Max Weber (Beispiele bei Siebert, S. 236f.).

innehat. Der ‚üppige Staat' ist durch den Luxus gekennzeichnet, ein Übermaß von Begierden, das alle ‚natürlichen' Schranken und Bindungen zerstört. Aus dem Drang nach Besitz über das Maß des Notwendigen hinaus entsteht Krieg. Zum anderen entsteht erst aus diesem Staat zugleich mit dem sittlich noch nicht als gut oder schlecht beurteilten und daher nicht von vornherein verurteilten Krieg (II 373e) auch der später so wichtige Stand der Wächter.[48] Die Kritik des Luxus und des Geldes, die sich durch die ganze *Politeia* zieht, findet sich bei vielen Dichtern und Theoretikern der Antike.[49]

4.3 Die für den Wächter notwendige Erziehung

Das Volk sichert durch Ackerbau und beschränktes Gewerbe die wirtschaftlichen Grundlagen des Gemeinwesens. Es gibt Privateigentum und Familienstrukturen. Annas[50] macht darauf aufmerksam, dass die Handwerker und Bauern nicht von den Wächtern unterdrückt würden, da diese „über alles Geld verfügten und dieses zum größten Teil ausgeben [könnten], wofür sie es wollten, und sie könnten tun, was ihnen gefällt." Und weiter bemerkt sie: „Platon ist erstaunlich mutig, in dieser Weise politische Macht

---

48 Zweites Buch, 372c2: Den Unterschied zur sonstigen Beurteilung des Krieges und seiner Ursache zeigt ein Vergleich mit *Phaid.* 66d: Kriege, Zwiste und Kämpfe schafft uns nur der Leib mit seinen Trieben; denn um den Besitz von Geld und Gut entstehen die Kriege alle, zum Gelderwerb aber werden wir gezwungen durch den Leib, als seine Sklaven. Hier im Staat ist jedoch der Krieg eine wichtige Kraft im Dienste der Erziehung des Wächterstandes und daher teilweise positiv gewertet. Dieser Wächterstand ist ein Berufsheer - Glaukon denkt als Athener natürlich an ein Bürgerheer - dessen Soldaten, die Wächter, die Oberschicht der Bevölkerung bilden.

49 Die antiken Gemeinwesen haben zwar auf einer bestimmten Stufe das Geld entwickelt, beruhen aber, grundsätzlich gesehen, noch nicht auf der Geldwirtschaft: Es sind Mischformen auf agrarisch-naturalwirtschaftlicher Grundlage. Demgemäß spielen hier ‚natürlichere' Bindungen wie Sitte, Brauchtum und Religion noch eine viel größere Rolle als in der bürgerlichen Gesellschaft: Die dem Geld innewohnende Macht wird daher in der Antike häufig als etwas Naturwidriges und Bedrohliches empfunden. Sophokles (um 496-406 v. Chr.) drückt dies in seiner Tragödie *Antigone* (Verse 295-301) beispielhaft aus:

„Kein ärger Brauch erwuchs den Menschen als – Das Geld! Es äschert ganze Städte ein, – Es treibt die Männer weg von Haus und Hof, – es verführt auch unverdorbne Herzen, – Sich schändlichen Geschäften hinzugeben, – Es weist den Sterblichen zur Schurkerei – Den Weg, zu der jeder gottvergeßnen Tat!"

50 Annas, S. 382f.

von Geld und seiner Verwendung zu trennen." Dazu bedarf es einer

> radikal reformierten Erziehung, damit die Wächter befähigt werden, im Interesse aller zu reagieren: Die traditionelle Erziehung wird übernommen, aber ihr Inhalt ist so stark zensiert, dass er nicht wiederzuerkennen ist.[51]

Große Aufmerksamkeit wird also der Erziehung beigemessen, da Platon die Polis und ihre Gesellschaftsordnung durch Erziehung erneuern möchte, wobei Platon bemerkenswerterweise die gleiche Erziehung für Jungen und Mädchen fordert. Dem durch einen Ausleseprozess gebildeten Kriegerstand hingegen ist - der skizzierten Einschätzung des Geldes gemäß - aller Privatbesitz verwehrt. Um jede Selbstsucht bei den Wächtern nach Möglichkeit auszurotten, sollen ihnen Erziehung, Frauen und Kinder, ja alles, gemeinsam sein. Das Nichtvorhandensein von Familien schafft Respekt und Gruppenidentität unter den Wächtern und stiftet - in Zusammenhang mit der Besitzlosigkeit - Eintracht und macht sie glücklich (461e-466d). Kein persönliches Interesse soll sie an der Hingabe für das Ganze hindern. Alles zu eigen haben wird als Übel betrachtet; alle bilden eine große Familie.

Vorländer schreibt dazu[52]:

> Auffallend ist auch das Ausschalten der Familie aus dem Erziehungsgang. Nach den ersten drei Jahren rein leiblicher Pflege soll sich die von nun an gemeinsame Erziehung der Jugend, auf dass sie vollkommen harmonische Menschen heranbilde, gleichmäßig auf die körperliche wie auf die geistige Ausbildung richten. ... Dem begeisterungsfähigen Alter von 14-16 Jahren werden Dichtkunst und Musik, dem angehenden Jünglingsalter (16.-18. Jahr) die ernsteren mathematischen Wissenschaften als geistige Kost dargeboten. Dem musisch-mathematischen Kursus folgt dann vom 18. bis 20. Lebensjahre die kriegerische Ausbildung. Danach tritt eine erste Auslese ein.

Durch nochmalige Auslese und philosophische Unterweisung zeichnet sich der Stand der Regierenden aus, die aufgrund ihrer philosophischen Einsicht zur Gesetzgebung und deren Überwa-

---

51 Annas, S. 383.

52 Vorländer, S. 150.

chung berufen sind. Das gibt auch den Ständen ihre Eigentümlichkeit: sie sind weder Klassen noch bloße Geburtsstände, sondern entstehen durch Erziehung. Die Begabten unter ihnen können zu den oberen Klassen aufsteigen.[53]

Außer den drei Ständen umfasst der Staat die Sklaven. Platon verteidigt also eine aristokratische Staatsform, aber wohlgemerkt eine Staatsform, in der die Regierenden nach allgemeinen Prinzipien verfahren und über eigennützige Rücksichten erhaben sind. Die Leitenden sollen also Philosophen sein[54], die als Wächter des Staates alle Seiten des praktischen Lebens kennengelernt haben und erst im späten Alter die Macht erhalten. Die wahre Regierung folgt allein den Geboten der Vernunft.[55] Platon betrachtet politische Fragen immer vom Standpunkt des Herrschenden aus und nicht von dem des Beherrschten. Aus den objektiven Bedingungen der Stabilität im Staat sind Regeln für die richtige Ausübung der Herrschaft abzuleiten und nicht, was den Herrschenden im Staat, also den Philosophen, zur Aufrechterhaltung ihrer Macht dient.

---

53 Dem ganzen Staat soll ein zwar eindeutig falscher Mythos (414b-e) über die Stände erzählt werden, der Metall-Mythos (415a-d): Alle Einwohner der Stadt sind Brüder; Gott hat denen, die zur Herrschaft bestimmt sind, in die Seelen Gold beigemischt, ihren Helfern Silber, den Übrigen Eisen (damit wird die Verschiedenheit und Vielfalt aufgezeigt. In der Verbindung der Einheit und Vielheit wird der Staat erreicht). Es kann vorkommen, dass Silber-Eltern bloß ein Eisenkind bekommen. Dieses muss dann zurückgestuft werden an den natürlichen Platz; es kann aber auch vorkommen, dass Eisen-Eltern ein Gold-Kind bekommen, das dann gefördert wird.

54 Das Leben des Ungebildeten gleicht in seinem planlosen Hin und Her einem Traum. Es gleicht mehr Schlaf als Wachsein. Hingegen ist der Gebildete als der alles Einsehende immer wach; so wird die Bezeichnung der ‚Wächter' als ‚der immer Wachende' auch innerlich sinnvoll, zugleich aber mit der später ausführlich geschilderten strengen Auswahl auf immer weniger Menschen beschränkt, während die anderen Wächter immer mehr zu bloßen ‚Helfern' (ἐπικούρους, III 414b5) absinken.

55 So hat Macht z. B. selbst eine korrumpierende Kraft und trotz der Anziehungskraft ihres philosophischen Studiums ist es schwer vorstellbar, dass die Wächter so desinteressiert bleiben, wie Platon behauptet. Mir scheint es zweifellos unrealistisch, wenn Platon glaubt, allein Geldgier, Ruhmsucht und die Befriedigung des persönlichen Ehrgeizes seien korrumpierend. Wenn Macht jedoch selbst imstande ist, das uneigennützige Urteil zu verzerren, dann ist etwas an Platons Vorstellung des gerechten Herrschers falsch, auch unter idealen Bedingungen.

5 Einschub: Kritik an Platons Staatsideal

Nicht nur Karl Popper[56], sondern auch andere haben Platon vorgeworfen, dass er nur die Frage stellt: ‚Wer soll herrschen?', anstatt zu fragen: ‚Soll irgendjemand herrschen?' Und in der Tat erwägt Platon an keiner Stelle in seinen Werken eine Verbesserung von Institutionen, um Gerechtigkeit herzustellen. Er fragt lediglich, wie ideale Herrscher geschaffen werden könnten.

Kersting bemerkt zutreffend, dass ‚auch ein liberaler Demokrat' wie Popper „Platons pädagogischen Überzeugungen" zustimmen kann.[57] Wissen wird nach dem platonischen Bildungsprogramm nicht durch Zwang erworben und „die auf unterschiedliche Leistungsstärke reagierenden und daher individualitätsfreundlichen Verfahren der Differenzierung und Begabtenförderung"[58] sind vernünftig.

Platons Staatsentwurf wurde häufig als ‚Diktatur einer Aristokratie', als ‚Erziehungsdiktatur' oder auch als ‚bloße Utopie' kritisiert. Problematisch ist in der Tat etwa die in der *Politeia* entwickelte Kritik der Dichter: Platon will nur ‚positive' Werke zulassen, da die Dichtkunst im Allgemeinen nur auf Erregung von Leidenschaften und nicht auf Wahrheit abziele. Problematisch ist ebenfalls das ‚Spezialistentum' der Philosophen. Platon muss einen hohen Preis zahlen, um die Wahrheit ‚rein' zu erhalten. Der pauschale Vorwurf der ‚Diktatur' geht jedoch an grundlegenden geschichtlichen Sachverhalten vorbei, die bei solchen Beurteilungen immer berücksichtigt werden müssen. Die Antike kennt noch nicht den Begriff des ‚autonomen Subjekts', wie er für die moderne bürgerliche Gesellschaft (z. B. in den Grundrechten) bestimmend geworden ist. Deshalb führt der Weg „zur richtigen Erziehung und Lebensführung des Einzelmenschen … notwendig über den Staat, in dessen Hände die Erziehung gelegt wird"[59]. Man kann daher Platons Entwurf nicht einfach an der Elle des neuzeitlichen Freiheitsbegriffs messen. Das antike Denken geht primär vom ‚Kosmos', der Ordnung des Ganzen aus. Der Einzelne wird von dieser Ordnung her als Teil gedacht, indem ihm darin ein be-

---

56 Hier: Popper, *Die offene Gesellschaft und ihre Feinde, Band 1: Der Zauber Platons.*

57 Kersting, S. 258.

58 Ibid.

59 Jaeger (1928), S. 43.

stimmter Platz zugewiesen wird. Der Vorwurf der Utopie müsste sich selbst erst rechtfertigen, wenn er weiter als Vorwurf erhoben werden soll. Und: Gehört nicht das Träumen zu den wichtigsten Möglichkeiten des Menschen?

Platon gründet seine neue Erziehung auf die überkommene Altgriechische und zeigt darin wie auch sonst trotz vielem, oft überraschendem Radikalismus echtes Beharren im Überlieferten. Das griechische Wort μουσική ist schwer zu übersetzen, da hier die gesamte geistige Erziehung mit gemeint ist, also neben der musikalischen auch die literarische Bildung. Platon wendet sich zunächst der wichtigen und im System seiner Zeit besonders verfehlt aufgebauten geistigen Erziehung zu (II-III 376e-403c), dann erst der gymnastischen (III 403c-412b).

6 Die Dichtkunst

Mythen und religiöse Erzählungen gehörten zum Grundbestandteil einer jeden Ethik.[60] Das zeigt sich schon bei Homer, für den Ethik und das Erzählen von Geschichten untrennbar miteinander verbunden sind.[61] Auch für Platon bleibt dieser Zusammenhang bestimmend (II 376e-377a).[62] Zwar ist er der erste große Philosoph, der die Dichter und damit die Literatur gerade aus ethischen Gründen aus seinem idealen Staat verbannen will; aber auch er muss in seiner *Politeia* selbst auf erzählerische Mittel wie z. B. sein Höhlengleichnis zurückgreifen, um seine rein philosophisch begründete Ethik zu formulieren.[63]

Das Märchen (μῦθος) umfasst vor allem als wesentlichen Inhaltsteil die mythische Erzählung vom Entstehen und Wirken der Götter und hat damit einen in einer eigentümlichen Schwebe gehaltenen Wert zwischen Wahrheit und Dichtung. Je mehr man an die Wahrheit der Mythen, die vor allem die Dichter der Nachwelt überlieferten, glaubte, um so mehr näherte sich der Charakter der Mythen dem von religiösen ‚Heiligen Schriften', von denen man ebenfalls gezwungen ist, Auswahlen des für die Erziehung brauchbaren Stoffes dem Kind in die Hand zu geben. Von hier aus eröffnet sich am leichtesten der Zugang zu der Kritik Platons an den Dichtern.

---

60 Die Überlieferung des Mythos und der Normen desselben war eine soziale Tätigkeit hohen Grades. Viel mehr als um Ideen ging es im Mythos um Handlung; diese übernahm die Rolle eines Paradigmas für Verhaltensweisen in Situationen wie Kriegen, familieninternen Konflikten, Geburten, Todesfällen und Hochzeiten. Der Dichter, der durch seinen Vortrag dieses Ganze an Vorfällen vermittelte, gab in der Tat die Wahrheit weiter, um die sich jene soziale Gruppe scharte. Das moralische Denken geht also, gemäß seiner eigenen Natur, aus der Geschichte hervor und funktioniert gerade nach Traditionen und kultureller Verankerung. Ein Vater muss die eigenen Kinder den anderen vorziehen, genauso wie eine Nation auf die eigenen Bürger achtet. Die Mythen haben eben diesen Zweck, solche Verhaltensweisen zu rechtfertigen.

61 Vgl. Siebers, S. 61-76.

62 Vgl. ibid., S. 77-87.

63 Vgl. Blumenberg, S. 83-181. Inwieweit Platons eigene Dialoge dazu beigetragen haben mögen, die Griechen an ein literarisches Lesen zu gewöhnen, scheint mir eine wichtige Fragestellung zu sein, die ich aber im Rahmen dieser Arbeit nicht weiter erörtern kann.

Platon lehnt die Gewalttätigkeit der archaischen Mythen ab, sein Ideal zielt vielmehr auf Gewaltfreiheit[64]. Der Tod darf den Menschen nicht als schrecklich beschrieben werden (III 386a-387c). Götter dürfen nicht als emotional, unehrlich oder unbesonnen dargestellt werden, um kein schlechtes Vorbild abzugeben (III 387d-392a). Es dürfen keine Menschen dargestellt werden, die für ungerechte Taten belohnt werden (III 392ac). Nach Schubert[65] geht es nicht primär darum, das Verhalten der Götter und Helden als vorbildhaft darzustellen, sondern „um den Menschen den ‚Glauben an das Gute' zu wahren" und damit „existentielle Verzweiflungskrisen zu vermeiden" helfen. „Das was gut – oder zumindest zulässig – ist, wird durch die Darstellung solcher Figuren erst als solches erfahren."[66]

So müssen die Dichter beispielsweise aus einem Staat ausgeschlossen werden, weil die Brüchigkeit, Leidenschaftlichkeit und Gewalttätigkeit der Menschen verborgen bleiben muss. Von Homer sollen nur Loblieder auf Götter und Helden übernommen werden. Das Ergebnis des alten Streites zwischen Philosophie und Poesie ist: Die Poesie muss erst rechtfertigen, wie sie im Idealstaat nützlich wäre. Die dafür gegebene Begründung ist ein Zauberspruch gegen das Verliebtsein in die Poesie (X 607a-608b). Die Poesie ist nach Platon aus verschiedenen Gründen gefährlich. Ein Epos wie die *Ilias* erzählt von Handlungen, um die korrekten Verhaltensweisen anzuzeigen, aber all das hilft wenig, das Gesetz an sich zu erkennen:

> Vieles schöne, …, und vieles gute was einzeln so sei nehmen wir doch an, und bestimmen es uns durch Erklärung … Dann aber auch wieder das Schöne selbst und das Gute selbst und so auch alles was wir vorher

---

64 Vgl. Baudler, S. 159-164: Bei Platon findet sich sogar eine Parallele zur biblischen Aufdeckung des Sündenbockmechanismus, wo er auf das gewalttätige Schicksal von Sokrates anspielend in seinem Höhlengleichnis von der tödlichen Gefahr spricht, die jenem droht, der aus dem Reich der Ideen in die Höhle zurückkehren würde (*Politeia,* 517a). Während Jesus seine Botschaft der Gewaltfreiheit im Zusammenleben mit den Menschen praktisch lebendig werden lässt und erst sein Weg der Gewaltfreiheit diese Haltung wirklich verständlich macht, steht Platon für den Versuch, mittels Zwang und Gewalt zu seinem Ideal von Gewaltfreiheit zu gelangen. Platons idealer Staat bleibt im ‚Himmel' (*Politeia,* VII 517a).

65 Schubert, S. 153.

66 Ibid.

> als vieles setzten, setzen wir als eine Idee eine jeden, und nennen es jegliches was es ist (VI 507b2-7).

Dieser Passus aus der *Politeia* ist eines der grundlegenden Momente des europäischen Denkens.

> Nie konnte der griechische Geist auf die sittlichen und ästhetischen Kräfte verzichten oder ihnen entwachsen, die in der Poesie lagen, aber fortan vollendet sich der griechische Mensch erst in der Philosophie und Wissenschaft.[67]

Weder für Geld oder Ehre (X 608b7-10), noch durch Dichtung soll sich also jemand von der Gerechtigkeit und Tugend abbringen lassen.

Gegen die Dichtung als einer allzu bunten unmittelbaren Wiedergabe bringt Platon das Argument vor, dass auf dem Grundsatz der Spezialisierung des Menschen zur Erziehung bester Leistungen (vgl. II 370c) beruht. Die bewusste Überspitzung dieses Prinzips, das ja gerade bei der Universalität seines Schöpfers zugleich ein fast tragisch anmutender Selbstverzicht ist, führt zu einem Widerspruch mit einer anderen Aussage Platons. Während er nämlich hier leugnet, dass ein guter Tragödiendichter auch gute Komödien schaffen kann, fordert er die Beherrschung beider Gattungen durch den vollkommenen Dichter im *Symposion* 223d. Doch ist der Widerspruch in einer höheren Ebene aufhebbar. Es geht beide Male um prinzipielle Thesen, die jederseits bis in das nur geistig konstruierbare Extrem hinaus einseitig verwendet werden. In unserer Stelle wird das Spezialistentum, auf dem ja der ganze Staatsbau ruht, durch Beispiele der täglichen Erfahrung begründet, aber die Schäden werden bewusst beiseitegelassen; der im Geiste des Schönen Erzogene (III 403c) wird sie zu überwinden verstehen. Im Symposion hat hingegen Sokrates Komödie und Tragödie als Spielarten einer einzigen τέχνη aufgefasst, die der wahre Könner zur Gänze beherrschen muss: Der Dichter als Techniker seiner Kunst kann Tragödien und Komödien machen, wie etwa der Schiffsbaumeister Handels- und Kriegsschiffe erbauen kann. Eine solche Ansicht mag enttäuschen, aber man darf hierin nichts Entehrendes für die Kunst sehen: Dass hinter der Technik ein Geist stehen müsse, war selbstverständlich. Für Platon bedeutet Tragödien- und Komödiendichten auch Einsicht in das Tragische und Komische an sich und zur Erkenntnis führt

67 Jaeger (1928), S. 47.

hier nicht nur die enge Verkettung des Ernsten mit dem Heiteren im Leben (welcher Erkenntnis der Grieche in seinem Wort σπουδογελοῖον [vgl. VIII 545d6 f.] Ausdruck verliehen hat), sondern auch die Notwendigkeit, beides wesenhaft erkennen zu müssen, wenn man auch nur eines verstehen will. So schafft also der Dichter, soweit in ihm nur die θεία μοῖρα wirkt, Tragödien oder Komödien, τέχνη καὶ ἐπιστήμη aber beides muss er schaffen können.[68]

Das zweite Argument gegen die dramatische Dichtung resultiert aus der andauernden Nachahmung. Auch nachahmende Kunst, z. B. Theaterspielen, bei dem man sich in jemand anders hineinversetzt, ist schädlich (III 392c6-398b6). Gerade aus diesen Gründen will Platon rigoros alle Dichtung und Kunst beaufsichtigen und regulieren (III 401b-c).

6.1 Die Wahrheit ist mehr wert als Homer

Der Dichter erschafft nicht eine neue Welt, sondern er stellt das echte und wahre Sein nur in einem schwächeren Abbild dar (μίμησις; III 392dff.). Auf den Begriff der μίμησις baut Platon seine Kritik an der Poesie (λέξις) auf. Den Begriff μίμησις finden wir in je unterschiedlicher Bedeutung. Im zweiten Buch (373b) hat Platon die Gesamtheit der Künste aus dem Trieb und somit der Lust der Nachahmung entstehen lassen: Nachahmung der Wirklichkeit ist somit auch jegliche Dichtung. Dieses Verhältnis von Kunstwerk zur ‚vorbildlichen Natur' ist gemeingriechische Vorstellung[69].

---

68 Vgl. Friedländer, Bd. II, S. 319f.

69 Diese Vorstellung wurde u. a. von Aristoteles im 4. Kapitel seiner *Poetik* vertieft und erweitert. Aristoteles zufolge ist das Nachahmen ein naturhafter, dem Menschen von Kindheit an innewohnender Trieb, der zugleich mit der Freude an dem nachahmenden Werk verbunden ist; zu ihm kommt dann als zweite, ebenfalls naturhafte Ursache der Kunst der Trieb nach Harmonie und Rhythmus. Diese Auffassung der Kunst, die durchaus nicht auf das griechische und in seiner Nachfolge römische Volk beschränkt bleibt (vgl. Goethes Auffassung über die Kunstfreude der Masse: Sie besteht nur darin, dass die Masse das Abbild mit dem Urbild vergleichbar findet), wird erklärbar aus der besonderen Art, wie die Antike die Welt erfahren hat: Wo die Welt an sich schon als Kunstwerk ‚gilt', bedarf es keiner Neuschöpfung des Künstlers, der – wie bei uns – hinter der nüchternen, gedanklich-mathematisch erfahrbaren Welt erst die höhere und schönere erschaffen muss; hier bedarf es tatsächlich nur mehr der Nachahmung.

An unserer Stelle aber bedeutet μίμησις etwas anderes: Hier betritt Platon offenbar wissenschaftliches Neuland, wie man aus dem Zögern und Missverstehen des Adeimantos schließen darf. Das Verständnis wird erleichtert, wenn man darauf achtet, dass μίμησις hier nur die Form des Dichtwerkes betrifft: Und zwar wieder nur eine Besonderheit, nämlich die Art, wie die Rede der Personen im Dichtwerk wiedergegeben wird: nach unseren Kategorien also direkt oder indirekt. Daraus gewinnt nun Platon einen Einteilungsgrund für die drei Grundformen der Dichtung: Das Drama beinhaltet die unmittelbare Wiedergabe der Rede. Die Lyrik ist eine rein erzählende Wiedergabe; wir müssen hier vor allem an die Chorlyrik mit ihrem mythischen Inhalt denken und unsere Vorstellung von der Bekenntnislyrik ausschließen. Das Epos ist eine gemischte, teils mittelbare, teils unmittelbare Wiedergabe.

> Die mimetische Dichtung, so Szlezak, richte sich an die unteren Seelenteile, befreie deren Luststreben und zerstöre so die geordnete Verfassung der Seele (602c-608b). Um aber diese Einschätzung der Dichtung verständlich zu machen, legt Sokrates zuvor das Verhältnis von Ideenerkenntnis und Mimesis dar (596a-602b): Der mimetische Künstler sei als Nachbildner und Nachbildungen der Idee noch hinter dem Handwerker als der Dritte (vom wahren Sein her gerechnet) zu betrachten, er schaffe ohne Kenntnis der Wahrheit, folglich könne auch - so ist zu verstehen - sein Werk nicht den obersten Seelenteil ansprechen, der dem Ideenbereich verwandt ist und direkten Zugang zu ihm gewinnen kann.[70]

Wären Dichter auch Experten dessen, was sie beschreiben, so würden sie nicht beschreiben, sondern das jeweilige Handwerk ausüben. Doch das sind sie nicht, auch Homer war kein General, Verfassungsrechtler, Pädagoge; sonst hätten er und Hesiod nicht als Wandersänger umherziehen müssen (X 600d5-8).[71]

---

70 Szlezák, S. 297.

71 Diese Motive finden sich bereits im sehr frühen Kurzdialog *Ion*, in dem Sokrates den unglaublich eitlen und dummen preisgekrönten Sänger Ion zu der Behauptung bringt, da er darüber singe, verstehe er alle Handwerke am besten, sei also auch der bestmögliche General.

6.2 Grenzen und Aufgaben der Nachahmung

Was aber ist genau Nachahmung (μίμησις)? Einen Begriff (εἶδος) soll es für ‚jegliches Vieles' geben, dem derselbe Name (ὄνομα) beigelegt ist. Nicht den Begriff, aber doch je eine Sorte Dinge nach dessen Vorbild, macht der Handwerker (δημιουργός). Ein Handwerker, der alles Mögliche - inklusive Götter und Erde - erschafft, aber nicht wahrhaft (ἀληθῶς), sondern bloß scheinbar, gleichsam abspiegelnd, ist der Maler. Er malt obendrein nichts vollkommen (τελέως) Seiendes ab, sondern nur unvollkommene Sinnendinge, die z. B. der Tischler macht. So heißt es etwa vom Tischler (X 597a5-6), er produziere nicht das Wirkliche, sondern nur ein dem Wirklichen Ähnelndes: „οὐκ ἄν τὸ ὄν ποιοί ἀλλά τι τοιοῦτον οἷον τὸ ὄν, ὄν δὲ οὔ". Diese Wirklichkeit der Idee, hinsichtlich welcher sie dem Konkreten übergeordnet wird, bezieht sich jedoch ausschließlich auf die Bedeutung, die einem Objekt im Erkenntnisakt des Individuums gegeben wird. Seine Bedeutung z. B. als konkretes Bett gewinnt es erst durch den erkennenden Menschen. In diesem Sinne ist klar verständlich, dass die Idee des Bettes im Kopf des erkennenden Menschen, welche ja nichts anderes ist als Bett unter Weglassung aller anderen Bestimmungen, die dem Konkreten anhaften, um vieles mehr Bett ist als jedes Bett, in dem man liegt und das viel mehr sein kann als nur ein Bett. Für die Idee des Bettes ist Gott zuständig, für das Bett der Handwerker, für dessen Bild der Maler.[72] Gott hat als ‚Wesenbildner' (φυτουργός) das, was das Bett ist, seinem Wesen nach gemacht, und zwar nur einmal.[73]

Die Tätigkeit des Malers (auch die des Tragödiendichters [als Maler mit den Worten]), ist also zwei Schritte von der Wahrheit entfernt (X 595c-597e). Die Sinnestäuschungen (z. B. über die wahre Größe eines Gegenstandes) sind dem Messen, Zählen und Wägen als Geschäft des Verstandes (λογιστικόν) entgegengesetzt. Weil dasselbe nicht entgegengesetzte Bestimmungen haben

72 Die Ideen von Artefakten sind ein ungewöhnlicher Gedanke, ebenso, dass es für alles, dem derselbe Name beigelegt wird, eine Idee geben soll.

73 Begründung: zwei Ideen des Bettes müssten eine dritte über sich haben, aufgrund derer sie sich gleichen. Dies ist das sog. Argument des Dritten Bettes, das dem des Dritten Menschen im *Parmenides* (132a/b) ähnelt Vgl. Fine: On Ideas; im *Timaios* (29e-30a) ist der Schöpfer selbst Demiurg, davon, dass die Ideen von Gott gemacht seien, ist dort nicht die Rede. Es ist deshalb auch nicht völlig klar, ob dies im zehnten Buch der *Politeia* ernst gemeint sein kann.

kann[74], muss also die Sinnestäuschung Sache des ‚Schlechteren in uns' [also des begehrenden Seelenteils] sein. Nachahmung ist daher fern von Wahrheit, Vernunft und ‚Gesundem', und bringt zusammen mit dem schlechten Seelenteil Schlechtes hervor (X 602c-603b). Maler malen ein Ding aus einer von mehreren Perspektiven und ohne es eigentlich zu kennen, malen es also nur, wie es erscheint (X 598b-d).

Maler und Dichter sind nur Nachmacher von Abbildern wie z. B. der Tugend (X 600eff.). Die Dichtkunst ist also ungeeignet, da sie

> nur technisch-praktische Ziele verfolgt, nicht an Wissen und Erkenntnisgewinn interessiert ist, sondern allein an der Herausbildung richtiger Gewohnheiten und ethisch-politischer nützlicher Einstellungen[75].

Wenn schon die Dichtkunst keine positive Wirkung auf das Ethos haben kann, wie sieht es dann mit der Musik aus?

---

74 Explizite Analogie zu *Politeia* IV 436a-437a.

75 Kersting, S. 251.

7 Die Lehre von Tonarten und Rhythmus

Musik ist gesungenes und getanztes Wort, ihr alleiniger Platz hat sie in der Gesellschaft, die in Athen immer religiös und kultbezogen war. Das bedeutete aber auch, dass jede Wandlung der Musik gegenüber dem Althergebrachten eine Wandlung des religiösen Urgrundes und damit auch der Politik mit sich brachte; Musikrevolution ist daher religiöse und politische Revolution (IV 424c5-9). Unter diesen Umständen ist ein Fortschritt in unserem Sinn für den besten Staat nicht denkbar. Die Überzeugung von der gewaltigen Wirkung der Musik auf das Ethos und daher von der Wichtigkeit der musikalischen Erziehung ist gemeingriechisch. Die hier von Platon entwickelten Gedanken über Musik gehen, wie er selbst sagt, auf Damon zurück, den einflussreichen Freund des Perikles, der seine Ansichten über die Musik vielleicht in einem Buch niedergelegt hat. Sokrates soll sein Schüler gewesen sein. Platon lernte Musik bei Drakon, der selbst wieder Schüler des Damon war. Platon ist ein Gegner der absoluten Musik. Nur Musik in bestimmten Tonarten und bestimmtem Rhythmus ist erlaubt: solche die tapfer macht, keine emotionale Musik (III 398c-403c) und nur in der Vereinigung von Text, Melodie und Rhythmus liegt die hohe Wirkung der Musik auf das Ethos.

Die Charakterisierung der Tonarten nach ihrer Wirkung auf den Hörer ist den Griechen durchaus geläufig gewesen. Noch strenger als Platon ist hier Aristoteles, der sagt[76]:

> Sokrates in der Politeia hat unrecht, wenn er neben der dorischen allein die phrygische Weise gelten lässt, zumal da er ... die Flöte verwirft. Denn diese Weise hat dieselbe Wirkung unter den Tonarten wie die Flöte unter den Instrumenten: Beide wirken orgiastisch und pathetisch.[77]

Der Rhythmus bedeutete die Gliederung der Melodie und ist somit ein ordnendes Prinzip, das sehr gut als Mittel der Erziehung herangezogen werden konnte. Rhythmus bedeutete ursprünglich nicht das Fließen, die Bewegung, sondern die Haltung, Gestalt, das Feste in der Bewegung, das sie gliedert, die Übertragung auf die Musik erfolgte erst sekundär.

---

76 Aristoteles, *Polit.* VIII, 1342a 33ff.

77 Vgl. Koller, S. 72ff., 125ff.

Bekannt ist die Lehre der Sphärenharmonie der Pythagoreer, dem Zusammenklang, der durch die Bewegung der Planeten hervorgerufen wird. Nach Dilke[78] liegt die „größte Errungenschaft [des Pythagoras] in der Aufstellung einer mathematischen Basis für musikalische Intervalle". Natorp schreibt dazu[79]:

> In den wirklich gehörten Zusammenklängen sind die reinen Zahlenverhältnisse, die als Grundlagen der harmonischen Beziehungen unter Tönen im allgemeinen ja schon von den Pythagoreern erkannt waren, nicht zu suchen, sondern man muss zu „Problemen" - hier ganz deutlich: Mathematischen Aufgaben - emporsteigen, und untersuchen, welche Zahlen an sich harmonisch sind und welche nicht, und weshalb beides.

Zahlenproportionen innerhalb der Akustik sind notwendig, da man über experimentellem Wege zu einer tragfähigen Theorie kommen kann und muss und letztere sich an der durch die Erfahrung gestellten Probleme messen muss.

Ein Anwendungsbeispiel dafür finden wir in der *Philebos*-Stelle, wo Platon, die pythagoreische Harmonik[80] analysiert. Diese dient als ein Beispiel dafür, wie Einheit mit Vielheit durch Zahl vermittelt wird. Die Einheit, von der ausgegangen wird, ist das Wesen Ton, φωνή. Diesem ist nach der Regel nicht die unbestimmte Fülle möglicher Töne entgegenzusetzen, sondern man hat von der Einheit zu einer Zweiheit überzugehen. Die Zweiheit wird eingeführt durch den Unterschied von Hoch und Tief, als Drittes kommt dann die Tongleichheit hinzu. Platon hat damit, würde ein moderner Wissenschaftstheoretiker sagen, durch Einführung einer Äquivalenzrelation den Bereich der Töne zu einer Quasireihe gemacht (Schritt a). Als nächstes (b) werden nun Abstände, Intervalle, bestimmt, „wie viel deren ... der Zahl nach [sind] und welcherlei an Höhe und Tiefe ... aus ihnen entstehen" (*Philebos,* 17c12-d1). Dann werden die Grenzen der Intervalle bestimmt (c) und schließlich (d) werden daraus Systeme (συστήματα) von Tönen gebildet, „welche eben die Älteren erkannt und uns ihren Nachfolgern überliefert haben, sie Tonarten (ἁρμονίας) zu nennen" (*Philebos,* 17d2-4).

---

78 Dilke, S. 33.

79 Natorp, S. 214.

80 Vgl. Richter, S. 91ff.

Ich habe hier die Schritte b und c getrennt, die Platon nacheinander, wenn auch nicht deutlich durch Sätze als einzelne markiert, aufführt. Man wird demgegenüber vielleicht einwenden, dass man doch die einzelnen Töne schon haben müsse, wenn man die Intervalle bestimmt. Aber einerseits würde das nicht mit der zu demonstrierenden Methode übereinstimmen, durch die doch die Mannigfaltigkeit des einzelnen durch die schrittweise Einführung von Differenzierungen erst gewonnen werden soll, andererseits gehen die Intervalle sowohl der Praxis als der Theorie der Musik nach den Einzeltönen voraus. In der Praxis der Musiker, der Kitharöden etwa, ist ja nicht von einer fest vorgegebenen Tonleiter auszugehen, vielmehr sind die einzelnen Töne ausgehend von einem durch ‚Stimmen' festzulegen. Dieses Stimmen aber legt die einzelnen Töne mit Hilfe von konsonanten Intervallen fest. Ich zitiere zu dieser Praxis die Ausführungen van der Waerdens, denen auch aus einem anderen Grunde großes Gewicht zukommt, weil es ihm mit diesen Feststellungen gelingt, die Tonleiter des Timaios in ihrem musikalischen Sinn zu rehabilitieren:

> Man stimme zunächst nach Quinten und Quarten die festen Saiten, die die Tetrachorde begrenzen: Hypate, Mese, Paramese, Nete. Eine Quarte über der Mese stimme man die Parenete, eine Quinte tiefer den Lichanos, eine Quarte höher die Trite, eine Quinte tiefer die Parhypate. Die Griechen nannten das: ‚Bestimmung der Töne durch Konsonanzen' (ἡ διὰ συμφωνίας λῆψις)[81].

Die Praxis der Stimmung ist aber andererseits nur Ausdruck der musiktheoretischen Tatsache, dass die Intervalle die Töne festlegen und nicht umgekehrt. Man hat also theoretisch zuerst herauszufinden, welche Intervalle und wie viele Arten von Intervallen es gibt. Diese Frage wird in der pythagoreischen Musiktheorie durch die Aussage beantwortet, dass die symphonen Intervalle ganzzahlige Vielfache (n : 1) oder überteilige (n + 1 : n) Verhältnisse darstellen müssen. Aus dieser Forderung kann man dann ‚a priori' die verschiedenen möglichen Intervalle bestimmen, Oktave, Quinte, Quarte, Ganzton u.a.

Man versteht also das „τὰ διαστήματα ὁπόσα ἐστὶ τὸν ἀριθμὸν" (*Philebos*, 17c11-12) nicht als eine Festlegung der Intervalle ihrer Größe nach, sondern eine ihrer Anzahl nach. Die Größenbestimmung von Intervallen kann ja innerhalb der Musiktheorie, die In-

---

81 Van der Waerden (1943), S. 189.

tervalle als Zahlenverhältnisse definiert, nur logarithmisch sein.[82] An einer Stelle in der *Politeia* hat Platon selbst vom „Heraufmessen" in der Musiklehre gesprochen - und zwar zustimmend (VII 531a). Das hat van der Waerden veranlasst, dies sehr raffiniert im Sinne des Euklidschen Verfahrens der Wechselwegnahme (Aufsuchen des größten gemeinsamen Teilers) zu deuten. Andererseits scheint mir durch die Untersuchungen von Burkert[83] gesichert, dass die Pythagoreer selbst zunächst die Intervalle als Differenzen und nicht als Verhältnisse deuteten, wie man es in - wegen dieser Schwäche häufig verworfenen - Philolaosfragmenten finden kann. Daraus wäre wohl zu folgern, dass sich die pythagoreische Musiktheorie - nicht ihrer mathematischen Behandlung nach überhaupt - sondern als Verhältnislehre erst zu Lebzeiten von Platon, nämlich unter dem Einfluss der Fortschritte, die die Proportionslehre durch Eudoxus und Archytas gemacht hatte, entwickelt hat.

Dann werden also die einzelnen Töne als Termini der Intervalle bestimmt und aus ihnen Tonleitern zusammengestellt. Es ist von besonderer Wichtigkeit, dass das Verfahren mit diesem Schritt (*Philebos,* 17 d) - der Bildung der Tonleiter - abschließt. Das war ja keineswegs zu erwarten, sollte es doch den vermittelten Übergang von dem Einen zur unbestimmten Vielheit darstellen. Doch was wäre das für eine Vermittlung, wenn das Eine nur schrittweise die Vielheit aus sich entlassen hätte? Sicherlich hätte man erreicht, was auch für Platon sehr wichtig ist; man sieht

> ... von dem Ursprünglichen einen, nicht nur, dass es Eins und Vieles und Unendliches ist, ..., sondern auch wie vieles (*Philebos,* 16d5-7),

d. h. man hätte die unbestimmte Vielheit, das ‚Unendliche', zahlfähig gemacht. Viel wichtiger aber erscheint mir, dass durch die beschriebene Erzeugung des Vielen dieses in seiner Mannigfaltigkeit sich als ein Ganzes herausstellt, zu dem es dann im letzten Schritt auch tatsächlich wieder zusammengenommen wird. Die Vielheit erweist sich als ein σύστημα, als ein System.

Platon verspottet die reinen Praktiker der Musikforschung (VII 531a); höher stellt er im Folgenden jene, die versuchen, die

---

82 Anders ist es in der Musiktheorie des Aristoxenes, der Intervalle „atomistisch" aus Halb- und Vierteltönen zusammengesetzt dachte.

83 Burkert, *Weisheit und Wissenschaft, Studien zu Pythagoras, Philolaos und Platon,* Nürnberg 1962.

den Intervallen zugrunde liegenden Zahlenverhältnisse zu erforschen; er selbst fordert eine rein theoretische Forschung, die sich nur um die Gesetze der Harmonie kümmert und erst von hier aus Vorschriften an die Praxis erstellt. Erst diese Musikforschung führt zur Dialektik hinauf.

Platon schneidet auch die Frage an, ob auch den anderen Künsten - außer der Dichtung und Musik - eine Wirkung auf das Ethos zuzuschreiben ist. Platon spricht sich darüber nicht klar aus. Sein Schüler Aristoteles[84] vertritt die Auffassung, dass Gefühls- und Geschmackssinn keine, der Gesichtssinn nur geringe ethische Wirkungen gegenüber den Wirkungen der Musik, also dem Gehörsinn, habe. Bedeutsam aber ist der Platonische Gedanke, dass vor allem die gesamte Atmosphäre, in der das Kind aufwächst, am allerstärksten auf dieses wirkt.

---

84 Aristoteles, *Pol.* 1340a 30ff.

8 Nicht der Körper wirkt auf die Seele, sondern die Seele auf den Körper *oder:* die gymnastische Erziehung

> Wer also Musik und Gymnastik am schönsten mischt, und im reichlichsten Maß der Seele beibringt, den würden wir wohl am richtigsten für den vollkommen musikalischen und wohlgestimmten erklären, weit mehr als den, welcher die Saiten gut gegen einander zu stimmen weiß (III 412a2-7).

Damit schließt der ganze Abschnitt über die Erziehung, der bei der Aufstellung der zwei Grundeigenschaften für den Wächter (II 375af.) begonnen hat, mit der Erringung der höchsten Harmonie - ohne die Vernunft - ab, der Harmonie zwischen den polaren Seelenkräften des Mutvoll-Tapferen und des Besonnen-Weisen. Ist zunächst am Hund erwiesen, dass die Extreme des Scharfen wie Milden von Natur aus in einem Wesen vereint sein können, so hat der Abschnitt über die Erziehung gezeigt, welche Wege diese gehen müssen, um die Natur bewusst zu unterstützen.

Die gymnastische Erziehung ist für Platon mehr als Gymnastik im heutigen Sinn, da sie die gesamte Lebensführung in Bezug auf den Körper umfasst, also auch etwa die Nahrungsaufnahme. Da ihr Ziel zunächst wenigstens die Gesundhaltung des Leibes ist, kann Platon auch eine Erörterung über die Medizin einschieben. Eine falsche Lebensweise züchtet Krankheiten, die noch dazu von einer falschen Arztkunst hochgepäppelt werden. Platon schiebt auch einen Exkurs (III 405a-410a) über die beiden Berufe Ärzte und Richter ein. Dem kranken Körper, so Platon, entspricht der falsch erzogene und daher kranke Geist, für den der Richter zuständig ist. Da Krankheiten auch den Gesündesten befallen, der Rechtschaffende aber nie Unrecht tut, so werden im Idealstaat nicht Ärzte, wohl aber fast die Richter überflüssig werden. Die geistige Nähe von Gesetzgebung (νομοθεσία) und Musik war für den Griechen auch durch das Wort νόμος mitgegeben, das sowohl Gesetz wie musikalisch Satz, bedeutete.

Da der Körper nicht auf die Seele zurückwirkt, sondern umgekehrt, kann der Arzt durch persönliche Erfahrung der Krankheiten an seinem Leib - aber ohne Schädigung der Seele - diese genauer kennenlernen. Verbrechen aber, als Krankheiten der Seele, kann man, wie schon die Lehre der μίμησις als der unmittelbaren

Wiedergabe der Rede gezeigt hat, nicht an sich erfahren, ohne Gefahr für den eigenen Charakter zu laufen. Die Kraft des Verstandes im heranwachsenden Menschen kann den unbewussten Eindrücken nicht Widerpart bieten und das Entstehen einer verbrecherischen Gesinnung nicht unbedingt verhindern.

Die Wächter sollen viel Sport treiben, wenig trinken und einfach essen (III 403c-404d) und die Seelen der Wächter sollen durch Sport und (die richtige) Musik gebildet werden (III 410b-412b). Die Wächter sollen, mit Wachhunden verglichen, gut ausgestattet im Militärlager leben und (III 416b) weder Privatbesitz noch Geld haben (III 415d-417b). Dahinter steht die aus der Platonischen Konsequenz gezogenen Folgerung aus der damals allgemeingültigen Erkenntnis, dass eine Ursache des Staatsverfalls die Habsucht sei, wie es ja das achte Buch dann zeigt. Platon ist keineswegs der Meinung, dass mit der Vollendung des Idealstaates sein ewiger Bestand gegeben ist (III 415c): Die Gefahr der Verschlechterung ist in der Unvollkommenheit der menschlichen Natur immer drohend vorhanden und auch durch die beste Erziehung nicht gänzlich gebannt. Nicht zu vergessen ist, dass der Keim zu dieser Möglichkeit des Untergangs schon in der Lust angelegt ist, auf der der üppige Staat gründet (II 372e). Den Verfall des besten Staates im achten Buch (VIII 546af.) begründet Platon mit einem Fehler des Intellektes.

Wenn sogleich (III 403d) nachdrücklich betont wird, dass nicht ein gesunder Körper eine gesunde Seele hervorbringt, so wird damit schon auf die vertiefte Auffassung von der Gymnastik als Übung der Seele hingewiesen, mit der der Abschnitt in der *Politeia* endet (III 411e). Die Unterweisungen in gymnastischen Übungen „folgen erst in späterem Alter“[85]. Gymnastik dient über den Leib hinweg dem Ausbau der muthaften Anlage in der Seele, ansonsten ist sie für den Menschen wertlos.[86]

Nicht ohne innere Bewegung wird man diese, einem echt hellenischen Denken verpflichtete Erkenntnis von der idealen Harmonie zwischen Leib und Geist, in der letzten Schrift des Achtzigjährigen, wiederfinden und in ihr ein Vermächtnis an die Welt sehen:

---

85 Schubert, S. 150.

86 Hier zeigt sich zugleich die Kunst der Platonischen Dialog- und Gedankenführung. 376e, zu Beginn dieser Untersuchung über musische und gymnastische Erziehung, hatte Sokrates die landläufige Ansicht zum Ausgang genommen: Hier kann er nach den bisherigen Untersuchungen die Zustimmung seiner Leser zu der neuen Ansicht als gesichert annehmen.

Es gibt nur eine Abhilfe (gegen die Krankheiten der einseitigen Hochzüchtung von Leib oder Geist):

> Weder die Seele ohne den Körper noch den Körper ohne die Seele in Bewegung zu setzen, damit beide, auf ihre Verteidigung bedacht, gleichgewichtig und gesund werden. Der Mathematiker (μαϑηματικός) also oder wer sonst eine andere Disziplin intensiv mit dem Verstand betreibt, muss zum Ausgleich, indem er sich daneben auch der Gymnastik widmet, die Bewegung des Körpers pflegen (*Timaios*, 88b6-c3).

Dabei wird der sonst die Einheit höchster Vollkommenheit bedeutende Begriff καλὸς κἀγαϑός einmal nuancierend auf Leib und Seele aufgeteilt.

9 Der Begriff der καλοκάγαθία

Der hier zugrundeliegende Begriff der καλοκάγαθία entstammt altgriechischen Adelsgedanken und bezeichnet zunächst die Einheit von körperlicher Schönheit und männlich-tapferen Verhalten. Allmählich wurde dieses einstige Erziehungsideal zum bloßen Terminus für die ‚Adeligen'. Als Hauptziel setzte sich Platon die Aufgabe, einen Nachwuchs heranzubilden, der durch eine regelrechte ethisch-politische Erziehung in der Lage war, den wahren Staat der Gerechtigkeit in der Tat aufzubauen und auch andere zu lehren, wie man als Mann ein Beispiel der καλοκάγαθία (das Ideal der körperlichen und geistig-seelischen Harmonie des ἀνήρ καλός καί ἀγαθός) abgibt und zur εὐδαιμονία (wahres Lebensglück) gelangt. Der Begriff der Eudaimonia stammt aus der Adelsethik: Die Eudaimonia besitzt ein Mensch, mit dem sein Daimon (εὐ-δαίμων) es gut meint.

Platon beginnt in der Nachfolge des Sokrates schon im *Charmides*, beide Begriffe ins Sittlich-Geistige zu vertiefen. Schönheit wird zur Wesenseigenschaft von Körper und Seele, ‚Tauglichkeit' zu Charakterstärke und Körpertüchtigkeit. Schließlich einen sich die hier vorliegenden Begriffe zusammen mit dem dritten Wertbegriff der Wahrheit in der höchsten Idee des ‚Guten', die wahr und schön zugleich ist. Aber nicht immer klingt dort, wo Platon diesen Doppelbegriff der καλοκάγαθία[87] gebraucht, auch die ganze Skala der Werte auf. Der Idealfall der Platonischen καλοκάγαθία ist der Seelenadel - äußere Gestalt. Natürlich ist Seelenadel wertvoller als das bloße schöne Äußere; hier verwendet Platon den Einwand Glaukons in dieser Hinsicht zu einer feinen persönlichen Anspielung („du hast solche Lieblinge"). Dass dies aber auch die Überzeugung Platons ist, beweist die gleiche Haltung im *Symposion* (210b).

Zugleich aber bietet sich so ein zwangloser Anknüpfungspunkt für die Erörterung der Knabenliebe, die von Platon nicht verbannt, sondern nur ‚geordnet', der Sinnenlust entkleidet wird. Platon kann sich hier kurz fassen, da er dieses Zentralproblem der griechischen Erotik in seiner tiefsten Bedeutung, als erste Voraussetzung und stärkste Triebkraft aller Erziehung, schon in früheren Schriften behandelt hat; vor allem im Jugenddialog *Charmides*, wo

---

87 Zur Entwicklung des Begriffs vgl. bes. Jaeger ([2]1954); Zu *Charmides* Hildebrandt, S. 94f.

er erstmals aus dem Mund des Sokrates Harmonie in der Schönheit des Leibes und Körpers forderte (vgl. hier III 402d und VII 535a), dann im *Lysis,* wo das Liebesgespräch als Führung zu Tugend und Staat gelehrt wird, und die Liebe somit ein Ziel über sich erhält, das dann im *Symposion* als die Idee des Schönen sich erweist. Nach Vollendung der *Politeia* kam Platon im *Phaidros* nochmals auf das Problem des Eros zurück: In der Liebesbegegnung zweier Seelen, wenn sie nur wahrhaft göttlich, das heißt philosophisch sind, erfüllt sich die höchste Aufgabe des Menschen, das Suchen und Finden der Ideen.[88]

Die ästhetische Grundhaltung Platons zeigt sich in der Liebe zum Schönen (III 403c4-5). Ist hiermit in der Liebe, dem Eros zum Schönen, ein krönender Abschluss der musischen Erziehung erreicht, so ist dennoch die Erziehung noch nicht am Ende: Denn noch sind die Schönheitsliebenden hier nur vorbereitet, aus Schaulustigen der Einzeldinge zu wahren Weisheitsliebenden, ‚Philosophen', zu werden: Dorthin führt erst eine spätere Erörterung (V 476b) und ein weiter Weg, auf dem dann den Menschen in einer Überhöhung des musischen der tiefste, der philosophische Eros leitet (III 409b). Die Bestimmung des Menschen liegt nach Platon darin, dass er vom Seienden seitens der reflektierenden Vernunft, die mit dem κόσμος νοητός, dem Reich der Ideen, korrespondiert und sich das Gute als das Wahre mit Hilfe der Vernunft entbirgt, um dann in der Teilhabe, gezogen vom Eros, sich dem wahren Sein annähert.

Aus der Wichtigkeit der Erziehung ergibt sich, dass man aus den Besten unter allen Bürgern einen Mann zu einer Art Erziehungsminister bestimmen muss. Für dessen Bestellung stellt Platon Forderungen auf: Er muss das Bildungsideal in vollendeter Weise erfüllen. Ausführlich spricht Platon darüber in den *Nomoi* (VI 765dff.). Mit dieser Schlussfolgerung aus dem Abschnitt über die Erziehung leitet Platon geschickt zum nächsten Abschnitt über die Auswahl der Herrschenden unter den Wächtern über. Zuletzt sei noch auf eine kompositorische Feinheit hingewiesen. Eben hatte Platon (*Politeia,* III 411c4f.) in den Gefahren der einseitigen Erziehung im Bereiche der musischen Erziehung die Philosophie, die bisher noch nicht ausdrücklich genannt war, hinzugefügt und damit auf die späteren Ausführungen in Buch VI und VII vorausgewiesen. Wer also „Musik und Gymnastik am schönsten mischt"

---

88 Friedländer, Bd I, S. 50ff.

(III 412a2-3), der muss als der vollendet gebildete Mensch im bisherigen Sinn hinaus auch philosophisch gebildet sein, um damit erst das Recht zum Herrschen zu gewinnen: Auch darin müssen wir ein Verbindungsglied zwischen dem hier dargelegten Staat der Wächter und dem Philosophenstaat später sehen.

> Die wissenschaftlich minder Begabten, so Vorländer[89], bleiben im Kriegerstande, die übrigen betreiben nun die Wissenschaften intensiver und in mehr systematischer Form. Während dann - zweite Auslese - die minder Vorzüglichen unter ihnen zu praktischen Staatsämtern übergehen, widmen sich die Ausgezeichneten noch fünf weitere Jahre der Erkenntnis des Seienden (Ideenlehre, Dialektik) und übernehmen dann ihrerseits höhere Regierungsämter. Haben sie sich darin 15 Jahre lang bewährt, so sind sie im fünfzigsten Lebensjahre reif, unter die Zahl der „Herrscher" oder Philosophen aufgenommen zu werden. Wenn sie als solche, sobald die Reihe sie trifft, die sorgenvolle Last der staatlichen Geschäfte übernommen und andere zu gleicher Tätigkeit im selben Sinne erzogen haben, dann sollen sie auf die „Insel der Seligen" versetzt und ihr Andenken fortan als das „glückseliger und göttlicher" Menschen vom Staate geehrt werden.

Welches Studium ist nun geeignet „die Seele von dem Werdenden zu dem Seienden" zu führen (VII 521d3-4)? Die musische und gymnastische Erziehung ist dafür nicht geeignet, da sich die Gymnastik ausschließlich mit ‚Werdendem und Vergänglichem' (VII 521e4-5) beschäftigt und somit lediglich „Wachstum und Verfall des Leibes" (VII 521e5) beaufsichtigt. Damit ist sie als „Kandidat, um die Seele aufs Ansichseiende auszurichten" ungeeignet.[90] Das gleiche gilt für die Künste, d. h. für praktische Fähigkeiten.

Was für ein Fächerkanon ist aber nun den jungen Philosophen angemessen? Arithmetik und Geometrie weil man durch sie z. B. versteht, was eins und vieles ist, und die Natur der ewigen Zahlen und Figuren begreift, aber auch, weil beides zum Kriegführen wichtig ist (VII 522b-527b); Astronomie, aber weniger wegen ihrer Nützlichkeit als vielmehr als theoretische Wissenschaft (VII 527d-530c, bes. VII 529d); Harmonielehre, um in den Akkorden Zahlen zu erkennen (VII 530c8-531c8) - aber alles das nur als Vorübung zur Dialektik, eben der Hinführung zu den Ideen, zu deren Erläuterung das Liniengleichnis paraphrasiert wird (VII 534a-e).

---

89 Vorländer, S. 150.

90 Vgl. Kersting, S. 251.

Natürlich taugen dazu nur besonders Begabte (VII 535a-536d), die die Wächterausbildung absolviert haben, zwischen dem 20. und 30. Lebensjahr studiert haben (VII 536d-537e), wobei sie nicht durch sokratischen Zweifel unmoralisch werden dürfen (VII 538d-539d) und nach dem Studium erstmals wieder fünf Jahre Sport treiben sollen. Zwischen dem 35. und 50. Lebensjahr müssen sie regieren, bevor sie zum ungestörten Philosophieren frühpensioniert werden; für Frauen gilt dasselbe (VII 539d-540c). Am ehesten ist der so beschriebene Staat zu verwirklichen, wenn die Philosophen nur Kinder unter zehn Jahren in der Stadt behalten und sie völlig umerziehen (VII 540c-541d). Einige ältere Wächter sollen über die Stadt herrschen (III 412b-414b).

Platon formuliert seine Ablehnung des praktischen Staatsmannes wie seine Forderung an den philosophischen (VII 519b). Den ersteren lehnt er ab, weil er ohne Einsicht in die letzten Gegebenheiten der Welt kein Ziel haben kann, das ihn den Wechselfällen des Lebens entzieht; vom Philosophen verlangt er den Eintritt ins praktische Leben und lehnt damit den Nur-Philosophen ebenso ab: Für ihn gelten somit auch zum Teil die Vorwürfe der Nichterkenntnis des Lebens und mangelnder Brauchbarkeit.[91] Platon betont im siebten Buch (VII 519e), dass dem Philosophen aus seiner durch den Staat geleisteten Erziehung die Pflicht zur Arbeit im Staat erwächst.[92] Dazu benötigen sie unerlässlich Einsicht und Fähigkeit und dazu noch das Verantwortungsgefühl für den Staat. Dieses Verantwortungsgefühl wird dort am stärksten sein, wo es nicht um das Glück des einzelnen geht, sondern um das des ganzen Staates (also kein egoistischer Utilitarismus, vgl. IV 420b). Damit ist der Idealstaat und ‚der ihm angemessene Mann' vollständig beschrieben (VII 541b4).

---

91 In der Spannung, die zwischen dieser Forderung und dem tatsächlichen Leben Platons liegt, liegt auch die Tragik Platons selbst. Aristoteles beschreibt diese Spannung (*N. E.* 1177a 12ff.) als das Glück des Gelehrtenlebens: Die Unabhängigkeit, die Muße, die Freiheit von jeder Störung wird demnach zum höchsten Glück, wenn es ein ganzes Leben anhält; erst in zweiter Linie steht das Glück des praktischen Lebens. Von hier aus nahm das Bild der vita contemplativa und seine Begründung ihren Weg durch das Abendland. Vgl. Arendt, S. 216-222.

92 Einem Staat gegenüber wie dem heutigen, der sich um die Philosophen nicht kümmert, hat der Philosoph natürlich auch nicht diese Pflicht.

11 Was ist ein Philosoph und was sein Gegenstandsbereich?

Platon gibt uns in seinem Dialog *Phaidros* (278d3-6) eine vorläufige Definition eines Philosophen:

> Jemand einen Weisen (σοφόν) zu nennen, … dünkt mich etwas Großes zu sein, und Gott allein zu gebühren, aber einen Freund der Weisheit (φιλόσοφον), oder dergleichen etwas möchte ihm selbst angemessener sein, und auch an sich schicklicher.

Damit macht Platon eine deutliche Unterscheidung zwischen einem σοφός und einem φιλόσοφος, also zwischen einem Wissenden, dem ‚Weisen', und dem, der nur ein ‚Freund der Weisheit' ist, ein ‚Weisheitsliebender', ein ‚Philosoph'. Wie ist die differenzierte Betrachtungsweise zu verstehen? Das Wissen, die Weisheit, worauf das philosophische Fragen zielt, können wir nicht ‚besitzen', und zwar, da wir ‚Wissen' nicht bloß vorläufig und zufällig nicht haben, sondern weil wir es prinzipiell nicht haben können.

Im *Theaitet*, einem Dialog, der in die Übergangsphase zu den späten Dialogen gehört, gibt Platon den Grund des Philosophierens an, nämlich das Staunen:

> Denn gar sehr ist dies der Zustand eines Freundes der Weisheit, die Verwunderung; ja es gibt keinen andern Anfang der Philosophie als diesen, und wer gesagt hat, Iris sei die Tochter des Thaumas, scheint die Abstammung nicht übel getroffen zu haben.[93]

In dem Namen des Gottes Thaumas vernahmen die Griechen das Verb θαυμάζειν, d. h. ‚staunen', und dieses ist nach Platon der Ursprung der Philosophie. Die Thaumastochter Iris, u. a. in der Personifikation des Regenbogens, aber ist in der antiken Mythologie die Götterbotin. Als Botin gilt für sie nun dasselbe wie für die zwischen den Göttern und Menschen vermittelnden ‚Daimones'. Da sie nun die Tochter des Thaumas, des Staunens, und dieses der Ursprung der Philosophie ist, wird in der angeführten Stelle des *Theaitet* das philosophische Denken als eine Bewegung verstan-

[93] 155d2-5: Schleiermacher übersetzt ‚θαυμάζειν' mit ‚Verwunderung'. Hier würde ich eine Übersetzung mit ‚staunen' vorziehen, da ich diesem Verb eine positivere Konnotation als dem Wort ‚Verwunderung' zuspreche. Aus dem ursprünglichen Staunen kann dann aber auch Verwunderung oder gar Zweifel am Erkannten entstehen.

den, die von den Menschen zum Göttlichen und umgekehrt den Weg macht, also nicht ständig unterwegs ist, kein ewiges Noch-nicht darstellt. Das bedeutet, dass philosophische Erkenntnis immer wieder auch in die Sichtweise des alltäglichen Lebens zurückfällt. Ihr Streben ist nicht ein wesenhaft unvollendbares, ist nicht endlos und uferlos, muss jedoch immer wieder von neuem aufgenommen werden, dass sie nicht an ihrem Ziel verweilen kann. Der Philosoph ist also nicht wesenhaft ein σοφός, aber auch kein ἀμαθής, da er ja, wenn auch nur vorübergehend, zum göttlichen Wissen, zur σοφία gelangt.

Die wichtigste Stelle in unserem Zusammenhang habe ich noch nicht berücksichtigt. Es geht um den Gedanken, dass das Ziel des erotischen Strebens die Zeugung des Schönen (τόκος ἐν καλῷ) sei und deren Ziel wiederum, „immer zu sein und unsterblich" (*Symposion,* 207d1: „ἀεί τε εἶναι καὶ ἀθάνατος"). Dazu werden zunächst zwei Weisen genannt, durch die der sterbliche Mensch Unsterblichkeit erlangen könne: Zum einen durch die Zeugung von Nachkommen, wobei zwar das eigene Leben nicht unsterblich wird, aber ein Weiterleben in Form von Genen bei den eigenen Nachkommen weitergeführt wird, bzw. das eigene Geschlecht weitergeführt wird. Zum anderen durch das Weiterleben im Nachruhm, was zwar eine Form des Weiterlebens des Individuums darstellt, aber von ihm nicht mehr erfahren wird. Es gibt aber noch eine dritte Weise, Unsterblichkeit zu erreichen, wenn auch nur vorläufig, nur vorübergehend. Das geschieht in der philosophischen Erkenntnis, im Aufstieg der Erkenntnis zur Schau des Schönen.

Nach der Schilderung der verschiedenen Stufen der Erkenntnis des Schönen, vom Körperlichen zum Geistigen, heißt es schließlich (*Symposion,* 210e2-5):

> Wer nämlich bis hierher in der Liebe erzogen ist, das mancherlei Schöne in solcher Ordnung und richtig schauend, der wird indem er nun der Vollendung (πρὸς τέλος) in der Liebeskunst entgegengeht plötzlich ein von Natur wunderbar Schönes erblicken.

So ist der Philosophierende nach einem langen Weg des Erkennens endlich ans Ziel gelangt. Sein Streben und Suchen hat hier ein Ende. Mit den Ausdrücken „plötzlich" (ἐξαίφνης) und „wunderbar" (θαυμαστός) ist angedeutet, dass der Erkennende nun in einen ganz neuen Seinsbereich eingetreten ist. Dieser wird geschildert als Bereich des Göttlichen und Unsterblichen.

12 Die philosophische Erziehung als Umformung des ganzen Menschen

Die Philosophie hat nach Platon also ihren Ausgangspunkt im Staunen des Menschen über die Welt. Demnach wäre der Philosoph jemand, bei dem das Staunen die Antriebsfeder zu seiner Tätigkeit gewesen ist. Von dem Staunen aber und bis zu dem Anspruch ‚Philosoph' zu sein, liegt ein weiter (zeitlich bedingt) und steiniger Weg [Ausstieg aus der Höhle und die Befreiung aus der Höhle ist bei Platon nur mittels Zwang und Gewalt möglich (VII 515c)[94]]. Von dem einstigen Staunen kann bei dem hier vorliegenden und von Platon ausgearbeiteten Bildungsprogramm nicht mehr die Rede sein. Aber vielleicht können wir es noch in der Ordnung des Kosmos finden, die sich in jedem Individuum widerspiegeln soll. Damit wird ein Anliegen der Philosophie von Platon deutlich: Die Angleichung der Seele an sein Bildungsprogramm[95]. Bildung (παιδεία, VII 514a2, VII 518b8) als Formung des Menschen wird nicht gleich der bloßen Übertragung und Summierung von Wissen verstanden, sondern als eine Umwendung, Umkehrung des ganzen Menschen durch die Umkehrung seiner Seele. Je ernster wir diesen Begriff der Um- und Bekehrung nehmen, umso verständlicher werden uns die langen Zeiten, die Platon für diese Wandlung des ganzen Menschen angibt (VII 518b). Diese Umwendung ist, da der Mensch dazu Anlage und Kraft in sich hat, wesentlich Selbstbesinnung gegenüber den Unwerten der Sinnenwelt.[96]

---

94 Vgl. u. a. Siebers, S. 93f; Blumenberg, S. 113.

95 Ich denke, wir können bei Platon noch nicht von einer Bildungsbewegung sprechen. Diese tritt meines Erachtens erst mit der Reformation (und der Verbreitung dieser Gedanken durch den Buchdruck) in Erscheinung, als das Lesenkönnen der Bibel als die Urkunde des Glaubens ein Akt der Befreiung war. Bildung soll die Urteilsfähigkeit fördern, Menschen diskussions- und begegnungsfähig machen. Darüber hinaus soll sie über das technische ‚Verfügungswissen' ‚Orientierungswissen' vermitteln, das auf die grundlegenden Fragen nach dem, was der Mensch ist, was ihn tragen und halten kann, eingeht. Und dieser Ansatz - so formuliert - ist meines Wissens erst neuzeitlich.

96 Die anderen, für welche die Erziehung nüchterne Einpflanzung (vgl. Nürnberger Trichter) ist, sind die Sophisten, deren laute Versprechungen Platon mehrfach angreift (vgl. *Prot.* 319a, *Gorg.* 447c).

Philosophische Erziehung ist also ein Umlenken der Seele, damit sie die schon vorhandene Fähigkeit des Erkennens (φρόνησις) richtig dem Wahren zugewandt gebraucht und nicht böse im Bereich des Werdens (VII 518c-519b). Nur auf diese Art Ausgebildete sollten über die Stadt herrschen. Sie müssen allerdings wieder in die ‚Höhle' zurück, um die Stadt zu beglücken, auch wenn sie selbst im ‚Tageslicht' glücklicher sind. Schließlich sind sie ja auf Staatskosten ausgebildet worden und müssen als Gerechte ihre Aufgabe erfüllen. Der Macht gegenüber gleichgültige Herrscher wie sie sind sowieso die besten (VII 519b-521b).

Die Lebensganzheit eines Philosophen erscheint bei Platon als eine zahlenmäßige Gliederung weniger als physische Ordnung denn als Folge von Bildungsstufen. Nachdem die Philosophen mit 20 Jahren die musische und gymnastische Grundausbildung hinter sich haben, widmen sie sich im Alter zwischen 20 und 30 Jahren den Wissenschaften, dann bis zum 35. Lebensjahr der Dialektik; in dem Lebensabschnitt zwischen 35 und 50 bekleiden sie Ämter im Staat, um sich von da an nur noch der Philosophie zu widmen, bzw. je nach Bedarf dem Staat als Herrscher zur Verfügung zu stehen (VII 537af.). Aber auch eher physisch bestimmte Lebensabschnitte kennt Platon, so etwa wenn er als die Zeit, die zum Zeugen von Kindern geeignet ist, für die Frau auf die zwischen dem 20. und 40. Lebensjahr, für den Mann auf die zwischen dem 30. und 55. Lebensjahr begrenzt (V 460e1-461a2).

13 Die Bedeutung, die Platon der Mathematik beimisst

In der *Politeia* (VII 525b-529a) fordert Platon eine ordentliche Ausbildung für die philosophischen Staatslenker in der Mathematik. Für sie und ihre gründliche Ausbildung war ein Erziehungs- bzw. Bildungsprogramm, ein umfassender Plan der philosophischen παιδεία, vorgesehen, bei dem die mathematischen Wissenschaften Arithmetik, Geometrie, Stereometrie und Astronomie an erster Stelle standen.

Die philosophische Lehre Platons selbst war eng mit der Mathematik verflochten, deswegen musste, wer seine Vorlesungen an der Akademie hören wollte, mathematische bzw. geometrische Vorkenntnisse haben. In Platons Akademie konnte nur jemand Eingang finden, der vorher ein grundlegendes Geometrieverständnis erworben hatte. Es ist überliefert, dass über dem Eingangsportal der Akademie die Inschrift angebracht war: „ΑΓΕΩΜΕΤΡΗΤΟΣ ΜΗΔΕΙΣ ΕΙΣΙΤΩ“[97], was übersetzt werden kann, mit: „Keiner der Geometrie Unkundiger darf eintreten.“ Damit wird die zentrale Bedeutung, die Platon der Mathematik und speziell der Geometrie, der Wissenschaft von der „Kenntnis des immerseienden“ (VII 527b7-8), einräumt, deutlich. Platon war davon überzeugt, dass die Auseinandersetzung mit geometrischen Fragen kognitive Grundqualifikationen vermittle, die optimal auf jeden anderen Lernprozess vorbereiten würde[98]. Das Wort μάθημα selbst, die Substantivform des Verbes μανθάνειν, bedeutet ‚mit Lernen verbundenes Fach'. Hiermit wird schon die grundlegende Bedeutung der Mathematik in der griechischen Bildung deutlich.

Platon war in erster Linie Philosoph - kein Fachmathematiker und so auch kein besonders schöpferischer Mathematiker. Er hat keine spezifisch mathematischen Werke geschrieben und ist sozusagen über die Philosophie zur Mathematik gekommen. Was ihm hoch anzurechnen ist, ist die unleugbare Tatsache, dass er die Be-

---

97 Siehe u. a. Dilke, S. 35. Nach Meschkowski (S. 54) war die Anordnung der Wörter folgende: „Μηδείς ἀγεωμέτρητος εισίτω“. Ob wahr oder nicht, den Geist, in dem Platon hier gelehrt hat, gibt der Eingangstext gut wieder.

98 Vgl. Cantor, M. (S. 213ff.): Im Gegensatz dazu war bei Sokrates die Beschäftigung mit der Mathematik auf den Alltagsgebrauch beschränkt.

deutung der Mathematik für die Philosophie und für die Erziehung erfasst hat.[99] Hoppe schreibt dazu[100]:

> Die Mathematik ist ihm [Platons, Anmerk. des Verf.] der Sauerteig, welcher das ganze Denken durchdringen muss und überall das entwickelte Ferment darstellt, welches dem Denkprozess Richtung und Kraft gibt. Darum stellen wir ihn in den Mittelpunkt dieser Periode; er führte die Griechen auf die Höhe der Kultur und streute den Samen aus zu den herrlichen Früchten, welche in der folgenden Periode, die wir als Alexandrinische zusammenfassend bezeichnen, die volle Höhe griechischer Leistungsfähigkeit darstellen.

Karl Vorländer hebt Platons Verdienste um die Mathematik hervor, wenn er schreibt[101]:

> Außer der Verschärfung der Definitionen und Verbesserung der Fachausdrücke verdankt man ihm [Platon] namentlich die wichtige Unterscheidung des analytischen und synthetischen Beweisverfahrens.

Dahingegen stellt Usener fest[102]:

> Von Platons eigenen Leistungen für die Mathematik ist uns nur wenig bekannt; sie mögen sich auf die Förderung und Präzisierung allgemeiner Theoreme beschränkt haben. Wir wissen, dass er Entdecker z. B. des Satzes gewesen ist, dass zwei Quadratzahlen eine, zwei Kubikzahlen zwei mittlere Proportionalen haben. Andere Überlieferungen über Spezialitäten scheinen mehr als fraglich. Es bedarf dessen auch nicht. Platon hat viel mehr für die Mathematik geleistet, als bei aller Konzentration eine Menschenkraft, und wäre es die seine gewesen, je hätte leisten können.

Doch einige mathematische Leistungen der Akademie werden ihm zugeschrieben, z. B. die Methode der Verdoppelung eines

---

99 *„Wir sind Plato"*, schreibt Simon (S. 189), *„den größten Dank schuldig; ohne ihn und die scharfen Worte, mit denen er den gewaltigen Wert der Mathematik für die Bildung der Jugend dargelegt hat, würde wahrscheinlich die Mathematik ihre Stellung als Hauptfach in unseren Gymnasien weder erhalten noch behauptet haben."*

100 Hoppe, S. 133.

101 Vorländer, S. 134.

102 Usener, S. 12.

vorgegebenen Quadrats. Das ist uns aus der Überlieferung des Vitruvius[103] bekannt.

Der Mathematiker und Mathematikhistoriker Meschkowski[104] sieht die Rolle der Mathematik bei Platon wie folgt:

> Die Bedeutung Platons für die Mathematik seiner Epoche kann kaum überschätzt werden. Sie liegt nicht in der Vermehrung der Ergebnisse um den einen oder anderen Lehrsatz ..., sondern in der begeisterten Förderung der mathematischen Forschung und in seinen erkenntnistheoretischen Erörterungen über das Wesen der Mathematik.

Aber so schreibt Meschkowski an anderer Stelle[105]: Es darf auch nicht übersehen werden,

> dass die platonische Philosophie nicht immer nur förderlich für den Fortschritt der mathematischen Forschung gewirkt hat. Es gab auch retardierende Wirkungen.[106]

Vor allem jedoch können wir Platons Begeisterung für die Mathematik aus seinen eigenen Schriften erschließen und seine hohe Meinung für die Mathematik aus Schriften antiker Autoren, die das ausdrücklich bezeugen. Die Schriften Platons zeugen, schreibt Heiberg[107],

> nicht nur von seinen mathematischen Kenntnissen, sondern vor allem von seiner Wertschätzung der Mathematik als Propädeutik für die Philosophie. Ihre übersinnliche Natur wird eindringlich hervorgehoben: Sie erhebt die Seele über das zufällige Konkrete und zwingt sie, der abstrakten Wahrheit durch das reine Denken zuzustreben; im Vergleich damit ist der praktische Nutzen, den sie nebenbei gewährt, gering zu schätzen (VII 525c).

---

103 Vitruvius, S. 405.

104 Meschkowski, S. 54.

105 Meschkowski, S. 58.

106 Als Beispiel nennt Meschkowski die *„erstaunliche Tatsache"*, dass die Griechen keine Theorie der rationalen Zahlen entwickelt hätten.

107 Heiberg, S. 7.

Nach Erich Frank[108]

> verfolgte er die gewaltige Bewegung seiner Zeit mit geradezu leidenschaftlicher Anteilnahme und in seinem großen und weiten Geist finden die umwälzenden Entdeckungen der Pythagoreer den lebendigsten Widerhall.

Aber Platon ist nicht der einzige Philosoph, der der Mathematik eine bedeutende Rolle im menschlichen Erkenntnisprozess zuspricht. In den griechischen Gebieten benutzten die Philosophen der ionischen Schule aus Milet und anderen Orten Kleinasiens (6. und 5. Jahrhundert v. Chr.) als erste die Mathematik in umfangreichem Maße. Sie warfen Fragen über die Welt und das Universum auf und versuchten diese zu beantworten.[109] Platon war es eigentlich, der das von Pythagoras erstrebte Ziel, „die Wissenschaft frei und jedem zugänglich zu machen"[110], in die gesellschaftliche Wirklichkeit umzusetzen versuchte. Die Mathematik, eine aus den „praktischen Aufgaben des Rechnens und Messens hervorgegangene Disziplin"[111] wurde von den Griechen zu einer „beweisenden Wissenschaft" ausgebaut, deren Grundlagenprobleme auch schon in der griechischen Philosophie erörtert wurden.

Nach Dilke[112] war es der Sophist Hippias von Elis[113], der „für ein aus Arithmetik, Geometrie, Astronomie und Akustik bestehendes Curriculum" eintrat.[114] Die Mathematik, so die allgemeine Vor-

---

108 Frank, S. 65.

109 Heutige Wissenschaftler bezweifeln zwar die Erzählung Herodots, dass Thales, der Begründer der ionischen Naturphilosophie, eine totale Sonnenfinsternis im Westen Kleinasiens vorhersagte. Dennoch scheinen Thales oder seine Nachfolger Geometrie in weit größerem Umfang als die Ägypter angewandt zu haben.

110 Proklos berichtet (S. 65), dass Pythagoras es war, der das Studium der Geometrie in die Form einer freien Wissenschaft verwandelte: ἐπὶ δὲ τούτους Πυθαγόρας τὴν περὶ αὐτὴν (sc. γεωμετρίαν) εἰς σχῆμα παιδίας ἐλευθέρου μετέστησεν.

111 Mainzer, S. 800.

112 Dilke, S. 35.

113 Hippias von Elis lebte um 485-415 v. Chr.

114 Für die Bildung der Massen und die pädagogischen Grundbegriffe und Ziele hatten die Sophisten besondere Programme und Thesen aufgestellt. Aus dem Kreis der um die Paideia sich gruppierenden Fragen stellte man besonders folgende heraus: Welche Kräfte führen die Bildung des Menschen herbei? (Antwort: Begabung, Lernen, Üben.) Welche Fächer sind als

stellung, eigne sich besonders zur Schulung des Geistes für die Philosophie. Die Welt der mathematischen Gegenstände ist nämlich eine Vorstufe zur Welt der Ideen, dementsprechend stellt die Beschäftigung mit der Mathematik gemäß dem Höhlengleichnis einen entscheidenden Schritt von der Welt der Schatten in Richtung der Welt der Ideen - und damit zur höchsten Lehre, der Philosophie - dar. Insofern sind die mathematischen Objekte keine Konstruktionen des menschlichen Geistes, sondern (immaterielle) Gegebenheiten, die von den Menschen erforscht werden.[115]

Hat nun die Form, in der die Mathematik der Gegenwart das von ihr gewonnene Wissen organisiert, Paradigmacharakter sei es für die Philosophie (die ja auch erfahrungsunabhängig begründbare Erkenntnisse zu liefern beansprucht), sei es für andere wissenschaftliche Disziplinen, etwa so, dass sie sich heute um einen axiomatischen Aufbau ihres Wissensbestandes bemühen müssten?

Das erinnert - und ich nehme an, nicht zufällig - an die Stelle, wo Platon in seinem Dialog *Euthydemos* (290b-c) von den Geometern, Rechenkünstlern und Astronomen sagt, sie seien in gewisser Weise Jäger oder Jagende, „weil sie ihre Figuren und sonstigen Zeichen nicht nach Belieben hervorbringen, sondern nur erforschen, was schon da ist". Und so hat man diese Auffassung auch hinsichtlich der Gegenstände der Logik und der Mathematik als ‚Platonismus' bezeichnet, und als solcher ist sie die Hintergrundphilosophie der meisten Mathematiker und Mathematikerinnen bis heute[116].

Grundlage anzusetzen? (Antwort: Gymnastik, Musik und Grammatik). Welches ist das Ziel der Paideia? Der Sophist Damon nennt die innere Wohlgeordnetheit, Protagoras die Wohlberatenheit,
vgl. Gigon II, S. 273ff.

115 Cassirer weist darauf hin, dass die moderne Erkenntnistheorie *„die Mathematik nicht mehr als Beschäftigung mit sei es sichtbaren, sei es unsichtbaren Dingen, sondern als Beschäftigung mit Beziehungen und Typen von Beziehungen"* ansieht (*Versuch über den Menschen*, S. 331).

116 So bemerkt z. B. der Mathematiker Georg Cantor in seiner Anmerkung zu seinem Kapitel *Grundlagen einer allgemeinen Mannigfaltigkeitslehre* (Leipzig 1883) folgendes [in: Cantor, *Abhandlungen mathematischen und philosophischen Inhalts*, S. 204]:

„... ich glaube hiermit etwas zu definieren, was verwandt ist mit dem Platonischen εἰδος *oder* ἰδέα, *wie auch mit dem, was Platon in seinem Dialoge ‚Philebos oder das höchste Gut'* μικτόν *nennt."*

Dass mathematische Begabung auch für viele andere Wissensgebiete von größtem Vorteil ist, ist eine bekannte Erfahrungstatsache; man denke etwa an den in der Kombinatorik gewandten Arzt als Diagnostiker[117]. Neben der Bedeutung der Mathematik für die Praxis; gedacht sei vor allem als Hilfsmittel für den Feldherrn, tritt die Wertschätzung als allgemeines Bildungsmittel in hellenistischer Zeit ein. Dahinter liegt zunächst die noch primitive Vorstellung, dass Zählen einen Grundunterschied des Menschen vom Tier bedeutet.[118] In höherem Sinn wird aber die Mathematik zur besten Vorschule für das Denken, das sich dem Begrifflichen, platonisch dem Sein zuwendet. Eingeführt wurde die Mathematik in die Schulbildung durch die Sophisten, wobei neben mehr realpraktischen auch formale Gründe der Geistesbildung mitgespielt haben können. Während die ersten für Platon fast ganz ausscheiden, werden die letzteren eigentlich maßgebend (VII 526b). Platons Einschätzung zeigt am schönsten die folgende Stelle aus den *Nomoi* (VII 818c3-8):

> Weitab davon, einem Gott ähnlich zu werden, ist ein Mensch, der nicht die Eins oder Zwei und Drei, oder das Ungerade und Gerade erkennen kann, von der Zahlenlehre nichts weiß, weder den Tag noch die Nacht berechnen kann und ohne Erfahrung in der Umlaufzeit von Mond und Sonne und den anderen Sternen ist.

13.1 Das Wesen der Zahl für die Platonische Philosophie

Die systematische Funktion der Zahl ist es, die Vermittlung zu leisten zwischen den beiden obersten Prinzipien dieser Philosophie, dem ἕν und der ἀόριστος δυάς, dem Einen und der unbestimmten Zweiheit. Um das zu verstehen, war es nötig, eine De-

---

Dieses Zitat möge hier als Beleg für die Tatsache herhalten, dass Platon mit seiner Ideenlehre das Denken der Mathematiker bis weit ins 19. Jahrhundert hinein zutiefst beeinflusst hat. Im 20. Jahrhundert vollzog sich zum Teil ein Paradigmenwechsel als Hilbert mit seinem Formalismus an die mathematisch interessierte Öffentlichkeit ging. Aber es gab auch weiterhin Vertreter des platonischen Denkens innerhalb der Mathematik, genannt seien nur die bedeutenden Mathematiker Abraham Fraenkel und Kurt Gödel.

117 Dasselbe gilt von der allgemeinen Wirkung auf die Geistesschulung, deren Anerkennung ja die Voraussetzung für die Aufnahme der Mathematik in die allgemein bildenden Schulen ist.

118 Man denke nur an den Vorwurf: *„er kann nicht bis drei zählen."*

struktion des seit Aristoteles herrschenden Zahlenverständnisses zu leisten, das die Zahl vom Vorgang des Zählens, der Hinzunahme von einem zu einem, her verstand. Grundlegendes ist dazu von Stenzel[119] geleistet worden.

Der Zugang zu der Bedeutung der Zahl für die Platonische Philosophie, die doch im Wesentlichen als Ideenlehre bekannt war, wurde erst wieder frei, indem man den gestalthaften Charakter der Zahl selbst erkannte. Damit war der Weg dafür geebnet, in den als pythagoreisch bekannten Vorstellungen ein wesentliches Element der Platonischen Philosophie zu erblicken. Man lernte so die Bedeutung pythagoreischer Arithmetik und Harmonik, die Rolle der pythagoreischen Tetraktys, der pythagoreischen Gegensatzpaare in der platonischen Philosophie zu würdigen. Dies geschah im wesentlichen auf dem Umweg über die Zeugnisse, die es über Platons Vorlesung Περὶ Τἀγαθοῦ gibt.[120] Dabei ist nie bezweifelt worden, dass sich alle Elemente der so rekonstruierten ‚esoterischen Lehre' Platons auch in den Dialogen finden lassen – freilich häufig in einer Form, bei der es nicht wunder nimmt, dass sie darin auch so lange verborgen bleiben konnten.

Ein gemeinsamer Punkt der Lehre Platons mit jener der Pythagoreer ist nach Walter Burkert[121] der, dass beide die Zahlen als Prinzipien angenommen haben.[122] Aristoteles, der nach Burkert sowohl Platon als auch die Pythagoreer kritisiert, sieht darin aber dennoch einen wesentlichen Unterschied. „Während Platon die Zahlen als Ideen von der Wahrnehmungswelt abtrennt und überdies das Mathematische als eigenen Bereich dazwischen ansetzt, sind für die Pythagoreer die Dinge selbst Zahlen, sie bestehen aus Zahlen: „Οἱ δ'ἀριθμοὺς εἶναι φασιν αὐτὰ τὰ πράγματα": „aber diese behaupten, die Zahlen seien die Dinge selbst."[123]

Arithmetik und Geometrie, die beiden Hauptzweige der Mathematik in der Antike, bedeuteten wörtlich ‚Fach der Zahlen' (ἀριθμός, ‚Zahl') bzw. ‚Messung (μετρεῖν) der Erde (γῆ)'. Das Wort γεωμετρία rührte vom Gebrauch der Geometrie bei Vermes-

---

119 Stenzel, J., *Zahl und Gestalt bei Platon und Aristoteles*, Leipzig 1924.

120 Siehe Gaiser ([3]1998).

121 Burkert, S. 29.

122 Vgl. Aristoteles, *Metaphysik* I 987b 23-25.

123 Aristoteles, *Metaphysik* I 987b 27-28.

sungen her und bedeutete allgemein entweder ,Vermessung' oder ,Geometrie'.[124]

Die Arithmetik gilt nach Auffassung der Pythagoreer

> als Theorie der positiven ganzen Zahlen als das Fundament der Mathematik, insofern alle Größenverhältnisse der Geometrie, Astronomie und Musik durch ganzzahlige Zahlenverhältnisse darstellbar sein sollen[125].

Die Arithmetik ist ein „elementares Bildungsstück"[126], denn diese vermittelt die Fähigkeit zum Denken (VII 523a), zur reinen Wahrheit (VII 526b), vom Werden zum Sein (VII 525b-c). Die Arithmetik betrachtet, wie auch die Geometrie, nur Verhältnisse, welche sind. Damit liefern beide Disziplinen Erkenntnisse des Immerseienden, des ἀεὶ ὄν, (VII 527b7).

13.2 Die Arithmetik

Die Zahl- und Rechenkunst: Die erstere hat es mit den Zahlen, ihren Verhältnissen untereinander, ihrer Teilbarkeit u. a. zu tun, die letztere mit dem Rechnen (Addieren, Subtrahieren u. a.).

Das Rechnen mit den reinen Zahlenwerten (wir würden heute von Algebra sprechen), das von benannten Zahlen absieht, aber erst von einer gewissen Stufe der Entwicklung des menschlichen Geistes ab möglich ist, wirkt geistbildend durch den Zwang der Abstraktion. Man war sich des Nutzens des Bruchrechnens (z. B. für Kaufleute) in der Akademie Platons wohl bewusst. Aber gerade ein praktischer Nutzen wurde verachtet und Platon (das zeigt uns die Stelle 525e2 in der *Politeia*) wollte keineswegs zulassen, dass die Einheit einer Zahl ,zerstückelt' würde.[127]

---

124 Vielleicht, um eben diese Doppeldeutigkeit zu vermeiden, nannte Euklid sein 13 Bücher umfassendes Werk nicht *Geometria,* sondern *Stocheia* (,Elemente'). Die Bezeichnung ,Algebra' kommt aus dem Arabischen, obwohl einige ihrer prinzipiellen Funktionsweisen von den Babyloniern entdeckt wurden und der griechische Mathematiker Diophant sie grundlegend weiterentwickelte. Euklids *Elemente* enthalten das mathematische Wissen zur Zeit Platons in systematisierter Form.

125 Mainzer, S. 800.

126 Natorp, S. 202.

127 Man kann darüber spekulieren, ob die Griechen die rationalen Zahlen deshalb nicht benutzt haben, weil sie diese nicht haben wollten. Dieses unterstellt, heißt nichts anderes, als das die Nichtexistenz der rationalen Zahlen im Bereich der griechischen Mathematik nicht das Werk des Zu-

Die Eins erweckt insofern das Denken - und dadurch wird die Mathematik zu einer philosophischen Wissenschaft - als sie in Gegensatz zu dem ‚Vielen' steht und nur aus ihm heraus erfasst werden kann. Dieses Problem hat Platon stark beschäftigt. In der *Politeia* (525e1-5) heißt es dazu:

> Denn du weißt doch, die sich hierauf verstehen, wenn einer die Einheit selbst im Gedanken zerschneiden will, wie sie ihn auslachen und es nicht gelten lassen; sondern wenn du sie zerschneidest, vervielfältigen jene wieder, aus Furcht, dass die Einheit etwa nicht als Eins, sondern als viele Teile angesehen werde.[128]

Gerade die Eins gilt für die frühen Denker als das Symbol des Vollkommenen, der Ursprung allen Seins.[129] Die Zahlen

> sind nicht beliebige Glieder der Zahlenreihe, sondern haben eine je eigene Bedeutung und Seinsgehalt. Die Vierheit ist nicht lediglich eine aus vier Größeneinheiten bestehende Zahl für Plato, sondern z. B. in der Raumwelt der Körper, in der Erkenntnis der Sinnesempfindung zugeordnet, ähnlich die Dreiheit der Fläche und der Vorstellung, die Zweiheit der Linie und dem Wissen, die Einsheit dem Punkt und dem νοῦς der Vernunft selbst.[130]

Die Zahl wird an der ersten Stelle als Vermittlung des Einen und des Vielen vorgestellt. Das Problem des Einen und Vielen, das dabei gelöst werden soll, ist dabei nicht das landläufige, nämlich die der mannigfaltigen Zusammensetzung im sinnlichen Bereich, sondern eines, das im Bereich des Denkbaren selbst statthat. Man kann wohl etwas verkürzend sagen (für eine Entfaltung des Problems muss auf Parmenides verwiesen werden), dass das Eine und Viele in zweierlei Hinsicht schon im Bereich des Denkbaren nach einer Vermittlung verlangt: Nämlich erstens, weil zu jeder Idee, die doch wesentlich eine sein soll, eine Mannigfaltigkeit von Bestimmungen gehört, und zweitens weil durch jede Idee eine

---

falls sein kann, sondern das Ergebnis eines bewussten Ausschließungsprozesses.

128 Vgl. auch VII 524d und *Parm.* 129ff., *Theait.* 157af.

129 Diese Denkweise finden wir auch noch im Mittelalter. Zitiert sei hier folgende Stelle bei Nikolaus von Cues (XI 9) S. 19:

„Wenn man sich die Zahl als Urbild aller Dinge vorstellt, wird verständlich, dass die göttliche Einheit allem vorangeht und alles entfaltet."

130 Vorländer, S. 136.

Mannigfaltigkeit anderer bestimmt ist, nämlich alle die, die an ihr teilhaben, ohne dass sie selbst dadurch vervielfältigt sein darf. Indem nun zwei der vier Prinzipien, πέρας und ἄπειρον, Grenze und Grenzenlosigkeit, eingeführt werden, wird mit einem allgemeinen Grund für die Verwirrung, die das Problem des Einen und Vielen erzeugt, auch deren Heilmittel angegeben. Die Verwirrung resultiert nämlich daraus, dass man vom Einen immer sogleich in eine unbestimmte Mannigfaltigkeit übergeht. Man müsse von jedem einzelnen zunächst immer eine Gestaltung erfassen, dann zusehen, ob darin zwei enthalten seien oder etwa drei, und so müsse man immer fortschreiten - offenbar, bis sich keine bestimmten Unterschiede mehr angeben lassen, „aus Einem und Vielem sei alles, wovon jedesmal gesagt wird, dass es ist, und habe Bestimmung und Unbestimmtheit in sich verbunden." (*Philebos,* 16c9-10).

Man meint sehr rasch zu verstehen, dass hier das Verfahren der Begriffsdihairese beschrieben wird. Dementsprechend hat man die Bedeutung der Zahl hier gelegentlich auf die Bestimmung der Anzahl der Schritte, die zu einer Definition führen, reduziert, „des Abstandes des Unteilbaren von der obersten Systemeinheit", wie es noch bei Stenzel[131] heißt. Demgegenüber muss beachtet werden, dass von den von Platon angegebenen Beispielen, Harmonik, Rhythmik, Grammatik, sich allenfalls die Bestimmungen der einzelnen Lautzeichen dem üblichen Verfahren einer dihairetischen Begriffsbestimmung fügen würden.

Dass die systematische Einheit selbst zahlenmäßig erfassbar ist, nämlich durch die Proportionen, mag uns als eine Besonderheit erscheinen, die vielleicht das System der Töne gegen andere auszeichnet. Platon jedenfalls betrachtete die Harmonik, wie aus ihrem Gebrauch als Beispiel an mehreren Stellen hervorgeht, nicht als einen Sonderfall, sondern als ein Vorbild, an dem zu sehen war, was er sich auch in anderen Bereichen wünschte.

Wie sieht nun nach dem Gesagten die Lösung des Problems des Einen und Vielen aus, und was leistet darin die Zahl? Das Eine gliedert sich in eine Mannigfaltigkeit von Unterschiedenem, wobei es aber weder vervielfältigt noch zerschnitten wird, sondern zur Darstellung als System gelangt. Die Zahl ist dabei die Bestimmung des Mannigfaltigen als Darstellung des Einen. Sie ist nämlich einerseits Anzahl und insofern die Bestimmtheit des

131 Stenzel, S. 13.

Mannigfaltigen als eines solchen, und andererseits leistet sie die Zusammenfassung des Mannigfaltigen zu einem Ganzen als Bestimmtheit der systematischen Beziehungen.

In vielen seiner Dialoge pflegt Platon Gespräche über mathematische Fragen einzuflechten. Er hat eine besondere Vorliebe, geeignete mathematische Beispiele zur Erläuterung philosophischer Gedanken zu benutzen[132]. Bei dem Versuch Platons, seine philosophischen Gedanken, die für uns oft dunkel und schwer verständlich sind, durch mathematische Beispiele zu verdeutlichen, fällt besonders auf, dass er bei vielen seiner Dialoge Anspielungen auf das mathematische Irrationale macht. Darin ist der Gedanke des mathematischen Irrationalen ständig präsent, ja er zieht sich durch Platons Schriften wie ein roter Faden.

13.3 Das Phänomen des mathematischen Irrationalen

Platon hat die besondere Bedeutung des mathematischen Irrationalen für die Philosophie erkannt. Aus der Lösung erkenntnistheoretischer Probleme, welche sich auch bei den inkommensurablen Streckenbrüchen ergeben, wurden von ihm und seinen Schülern und Mitarbeitern Theaitetos und Eudoxos wichtige Erkenntnisse gewonnen, die zur Entwicklung einerseits der Philosophie und andererseits der Mathematik beigetragen haben. Damit erklärt sich auch der mächtige Impuls, den die griechische Mathematik erhielt, die schon im 3. Jh. v. Chr. ihre erste Blütezeit erlebte.

Die Entdeckung inkommensurabler Größen[133] geht wahrscheinlich auf den Phytagoreer Hippasos von Metapont zurück[134], der mit dieser Entdeckung das Mathematikverständnis der Phytagoreer erschütterte und Eudoxos von Knidos animierte, eine geometrische Proportionenlehre auszuarbeiten. Ein einfaches Beispiel für inkommensurable Strecken in der Mathematik sind Seite und

---

132 Hankel, S. 134.

133 Unter inkommensurablen Größen versteht man in der Mathematik Größen (Brockhaus Enzyklopädie), *„deren Maßzahlverhältnis keine rationale Zahl ist, z. B. haben eine Quadratseite und die zugehörige Diagonale kein (noch so kleines) gemeinsames Maß (Verhältnis ist 1:√2)"*. Zwei Strecken a und b nennt man kommensurabel, wenn es *„eine dritte Strecke e gibt, so dass gilt: a = m · e und b = n · e ist (m, n natürl. Zahlen), dann heißt e das gemeinsame Maß von a und b"*.

134 Mainzer, S. 800.

Diagonale im Quadrat.[135] Egal welche Zahl man für die Seitenlänge des Quadrates wählt, es lässt sich nie die Länge der Diagonale als rationale oder gar als ganze Zahl ausdrücken.[136] Über inkommensurable Strecken können irrationale Zahlen nachgewiesen werden.[137] Platon nimmt in seinen Dialogen wie z. B. den *Nomoi* und der *Politeia* Bezug auf die Irrationalität von $\sqrt{2}$ und der Existenz von inkommensurabler und kommensurabler Strecken und empört sich über die lächerliche und schimpfliche Unkenntnis seiner griechischen Landsleute.[138]

Die Theorie des mathematischen Irrationalen stammt zwar schon aus vorplatonischer Zeit, wurde aber später in die Platonische Akademie aufgenommen und dort eifrig gelehrt. Toeplitz bemerkt[139]:

> Es gibt kaum einen Dialog Platons, der frei wäre von mathematischen Anzüglichkeiten; das Erlebnis der Mathematik, die Bekanntschaft mit unbekannten Zahlen, mit denen man rein abstrakt rechnet, muss ihn von vorneherein aufs äußerste berührt haben. Von der Existenz des Irrationalen berichtet er selbst, dass er sie erst als verhältnismäßig reifer Mann kennengelernt habe.

---

135 Diagonale (d) des Quadrates = $a\sqrt{2}$

136 Äquivalent dazu diese Behauptung: keine rationale Zahl (der Form p/q mit ganzen Zahlen p und q) mit sich selbst multipliziert kann 2 ergeben und damit ist also $\sqrt{2}$ eine irrationale Zahl.

137 Als Beispiel für solch einen Nachweis sei an die dem Pythagoras zugeschriebene Gleichung gedacht. Für Fuchs (S. 125) gilt z. B. der Nachweis der Existenz einer irrationalen Zahl wie $\sqrt{2}$ als die wichtigste Entdeckung der pythagoreischen Mathematiker. Struik (S. 42) schreibt dagegen *„die Theorie des Irrationalen"* Theätet (gestorben 369), einer der drei, der platonischen Akademie verbundenen Mathematiker, [die anderen beiden waren Archytas (1. Hälfte des 4. Jh. v. Chr.) und Eudoxus (etwa 408-355 v. Chr.)] zu. Die Theorie des Irrationalen wird im zehnten Buch der *Elemente* des Euklid (um 450- um 370 v. Chr.) behandelt. Eine Fortführung dieser Theorie wurde erst im letzten Jahrhundert von Dedekind und Weierstrass entwickelt.

138 Für einen radikalen Empiriker wäre die Fragestellung, ob es Strecken geben könnte, die kein gemeinsames Maß aufweisen, sinnlos, denn jede Strecke lässt sich ja immer nur mit einer begrenzten Genauigkeit messen. Für einen ‚Platoniker' dagegen geht es gar nicht um die sinnlich wahrnehmbaren, gezeichneten oder sonst wie gefertigten Figuren, sondern um die lediglich geistig erfassbaren Gedankenbilder, die dahinter stehen. Was bedeutet wohl für einen reinen Empiriker z. B. schon die ‚Idee eines Dreiecks'?

139 Toeplitz, S. 12.

Das letztere lässt sich aus dem Dialog *Nomoi* (VII, 819d5) ersehen, wenn man alles, was dort Platon erzählt, auf ihn selbst bezieht. Platon lässt darin erkennen, dass er erst spät, also im Mannesalter, Kenntnis von der Irrationalität erhalten hat.

Das Ganze begann unerwartet mit der verhängnisvollen Entdekkung, dass in der Geometrie Strecken vorkommen, deren Verhältnisse zueinander sich nicht durch Verhältnisse ganzer Zahlen darstellen lassen. Diese Strecken sind Größen, die kein gemeinsames Maß haben, die zueinander inkommensurabel[140] sind. Größen aber, die nicht durch ganzzahlige Zahlenverhältnisse ausgedrückt werden können, heißen irrationale Größen.

Die Tatsache nun, dass sich in der Geometrie die ganzzahligen Verhältnisse durch Streckenverhältnisse darstellen lassen, umgekehrt aber nicht alle Streckenverhältnisse durch Verhältnisse ganzer Zahlen ausdrückbar sind, zeigt deutlich, dass die Geometrie umfassender ist als die Arithmetik. Diese Entdeckung hatte weitreichende Auswirkungen für die griechische Mathematik. Sie bewirkte unter anderem lange Zeit hindurch einen Vorrang der Geometrie vor der Arithmetik. Man betrachtete die Geometrie lange Zeit als „Herrscherin der Mathematik"[141]. Von allen Bereichen der Mathematik wurde die Geometrie von den Griechen am meisten bewundert und gepriesen. Für sie schien die Geometrie noch mehr als die Arithmetik zur Perfektion zu führen. Den Griechen galt sie als eine Form von der Erkenntnis des Unbeweglichen - trotz der Tätigkeitsworte, die die Geometer bei der Beschreibung ihrer Konstruktionen verwenden. Die Geometrie wurde in vieler Hinsicht zur wichtigsten akademischen Disziplin.

13.4 Die Geometrie

Platon sah in der Geometrie die beste Einleitung für seine Philosophie. Für ihn war die Geometrie das obligatorische Vorspiel zur Philosophie und er betrachtete sie als eine Propädeutik (προπαιδεία), als eine ‚Vorerziehung' und als das beste Mittel für die Erziehung der Jugend Athens. Sie war eine Bedingung, die man erfüllen musste, wenn man in die platonische Akademie auf-

---

140 Die Definition 2 im X. Buch der *Elemente* Euklids lautet: *„Wenn man von zwei ungleichen Größen abwechselnd immer die kleinere von der größeren wegnimmt und der Rest niemals genau die vorhergehende Größe misst, dann sind die Größen inkommensurabel"* (Euklid, ed. Thaer, S. 214).

141 Tropfke, S. 120.

genommen werden wollte. Wie ernst Platon darüber dachte, lässt sich, wie ich schon erwähnt habe, aus den Worten über dem Eingangstor der Akademie erahnen, die Platon einmeißeln ließ: „ΑΓΕΩΜΕΤΡΗΤΟΣ ΜΗΔΕΙΣ ΕΙΣΙΤΩ". Dieser berühmte Spruch sorgte indirekt für Werbung, aber auch für die zahlenmäßig beschränkte Zulassung von Studenten zu dem Studium der Philosophie, „eine Art Numerus clausus"[142] also, den Platon geschickt in seiner Schule einführte. Das allein zeigt sehr deutlich, wie sehr er die Geometrie und ihre fundamentale Bedeutung, nicht nur für sein philosophisches System, schätzte.

In der griechischen Mathematik wurden arithmetische und algebraische Probleme in der Regel bekanntlich mit Hilfe der Geometrie behandelt. Sehr treffend bemerkt Proklos, dass manche der bewiesenen Lehrsätze beiden, der Arithmetik und der Geometrie, nur zum Teil gemeinsam sind:

> Denn der Lehrsatz, dass jedes Verhältnis rational (ῥητόν) ist, ist nur in der Arithmetik gültig und keineswegs in der Geometrie, denn in ihr kommen auch irrationale Verhältnisse (ἄρρητοι λόγοι) vor.[143]

So auch das Problem der Irrationalität, wobei die Formulierung dieses neuen Begriffs über lange Zeit die griechische Mathematik intensiv beschäftigt hat. Schließlich gelang es dieser, alle Schwierigkeiten zu überwinden und den Begriff des Irrationalen endgültig klar zu formulieren.[144] Dazu sagt Becker:

> Das war eine der größten Leistungen der griechischen Mathematik, den Begriff des Irrationalen klar formuliert zu haben.[145]

---

142 Bonet, S. 28.

143 Procli Diadochi, S. 60.

144 So wissen wir heute, dass die rationalen und irrationalen Zahlen, ausgedrückt in der Sprache der Mengenlehre, zwei Teilmengen der reellen Zahlen bilden und dass eine reelle Zahl rational oder irrational sein kann. Folglich: eine reelle Zahl, die nicht rational ist, heißt irrational (vgl. Keith, S. 77). So heißt eine reelle Zahl rational, wenn sie sich als Quotient zweier ganzer Zahlen schreiben lässt, wobei der Divisor ungleich Null sein muss, und irrational, wenn das nicht möglich ist. Die reelle Zahl ist eine irrationale Zahl, weil sie sich nicht als Quotient zweier ganzer Zahlen schreiben lässt. Es gibt keine rationale Zahl Z, die, mit sich selbst multipliziert, die Zahl 2 ergibt, d. h. $Z^2 = 2$ wird. Andere Beispiele irrationaler Zahlen sind p und e und $\sqrt{k}$ allgemein, wobei k für alle natürlichen Zahlen steht, nur nicht für jene, die Quadratzahlen sind (vgl. Duden, Bd. 1, S. 368f.).

145 Becker (1957), S. 71.

Im Vergleich zu den Menschen der damaligen Zeit wissen wir heute, dass die Länge der Diagonale im Falle des Einheitsquadrates[146] gleich der irrationalen Zahl $\sqrt{2}$ ist. Der Ausdruck $\sqrt{2}$ als Zahl war in der griechischen Mathematik noch nicht formuliert und er konnte daher zu Platons Zeiten als solcher im heutigen Sinne noch nicht betrachtet werden, denn unter Zahl war damals wie auch schon zur Zeit der Pythagoreer eine natürliche Zahl zu verstehen.[147]

Im siebten Buch seines Werkes *Nomoi* (VII 819d-820c) äußert sich Platon dahingehend, dass er sehr überrascht und tief beeindruckt war, als er von der Existenz inkommensurabler Größen erfuhr[148]. Hier äußert sich Platon ganz bewegt, wie ihn die erkenntnistheoretische Bedeutung der Existenz irrationaler Zahlen berührt hat, als er sie im reifen Alter kennenlernte.[149]

Aber nicht nur für Platon allein war die Entdeckung der Inkommensurabilität eine Überraschung, sondern auch für ihre Entdekker selbst - und zwar eine enttäuschende, denn „die Erkenntnis, dass sich nicht alle Strecken durch Verhältnisse ganzer Zahlen ausdrücken lassen, war die erste Unmöglichkeitserkenntnis in der Mathematik und löste die erste Grundlagenkrise in der Mathematik aus"[150].

Andererseits aber ist gerade die Entdeckung der Inkommensurabilität nach Auffassung der meisten Mathematikhistoriker eine der wichtigsten Leistungen der griechischen Mathematik überhaupt. Kurt von Fritz drückt das so aus:

---

146 Das ist ein Quadrat mit einer Seitenlänge nicht kleiner und nicht größer als eine (quantitative) Einheit.

147 Seither mussten zweieinhalb Jahrtausende vergehen, ehe dieser Grundgedanke der antiken Theorie des mathematisch Irrationalen ‚arithmetisiert' wurde. Kowalewski (S. 22): Die Arithmetisierung des mathematischen Irrationalen geschah erst im 19. Jahrhundert unter Dedekind.

148 Der Umstand, dass es inkommensurable Strecken gibt, Strecken also, die kein gemeinsames Maß haben, ist in unserer Zeit nichts Aufregendes. Was heute in der Mathematik bezüglich des Irrationalen so geordnet und übersichtlich erscheint, war vor Platons Zeit noch verworren und ohne systematische Grundlage. Niemand wundert sich heute über die Ungeheuerlichkeit, dass gewisse Strecken in der Natur, wie z. B. die Diagonale d und die Seite s eines Quadrates, kein vernünftiges, also kein rationales Verhältnis haben. Doch in der Zeit Platons war das nicht so.

149 Toeplitz, S.12.

150 Nöbauer/Kaiser, S. 16.

> Die Entdeckung der Inkommensurabilität ist eine der erstaunlichsten und weitreichendsten Leistungen der frühen griechischen Mathematik. Sie ist um so erstaunlicher, als sie nach der antiken Überlieferung zu einer Zeit gemacht wurde, da die mathematische Wissenschaft der Griechen noch in den Kinderschuhen steckte und sich scheinbar mit den elementarsten oder, wie viele moderne Mathematiker geneigt sind zu sagen, trivialsten Problemen befasste, während zu der gleichen Zeit, wie man neuerdings erkannt hat, die Ägypter und Babylonier bereits hochstehende, komplizierte Methoden für die Lösung mathematischer Probleme höherer Ordnung entwickelt hatten und trotzdem, soweit wir sehen können, die Existenz dieses Problems nicht einmal ahnten.[151]

Plutarchos berichtet[152] sogar, [Πλάτων] ἀπεφήνατ' ἀεὶ γεωμετρεῖν τὸν θεόν, „Platon sagte, dass Gott stets Geometrie treibe." Der Gedanke also, wonach „Gott stets Geometrie treibt", ist Platon zuzutrauen.

Die Annahme Platons, dass das Buch der Natur sozusagen in der Sprache der Geometrie geschrieben sei, muss der Ursprung aller späteren Interpretationen desselben Gedankens sein.

> Das Buch der Philosophie im Sinne Galileis, *schreibt Cassirer*[153], ist das der Natur, das vor unseren Augen beständig daliegt, das jedoch nur wenige zu entziffern und zu lesen vermögen, da es in Buchstaben, die von denen unseres Alphabets verschieden sind, in Dreiekken und Quadraten, in Kreisen und Kugeln, in Kegeln und Pyramiden verfasst und geschrieben ist.

Und schließlich fügt er hinzu[154]:

> Die Sprache der Natur, wie sie hier bestimmt wird, ist die der antiken, synthetischen Geometrie. Ihre Grammatik ist in den Elementen Euklids und, in weiterem

151 Fritz v., S. 271.

152 Plutarchos, Quest. Conv. VIII 2, p 718c-720c. Vgl. im Unterschied dazu Gaiser (³1998), S. 552: „πῶς Πλάτων ἔλεγε τὸν θεὸν ἀεί γεωμετρεῖν" Plutarchos selbst sagt, dass dieser Spruch sich nirgends in den Schriften Platons findet und dass er möglicherweise nicht direkt von ihm stammt, doch seine Formulierung erfolge ganz im Sinne Platons.

153 Brief (Galileis) an Fortunio Liceti vom Januar 1641; Op. VII. 355, Ebenso: 11 Saggiatore Op. IV, 171. Nach Cassirer (1974), S. 418-419.

154 Cassirer (1974), S. 419.

> Ausbau, in Appolonius' Lehre von den Kegelschnitten als fester Besitz gegeben.

Für Platon ist die „Geometrie Erkenntnis des ewig Seienden."[155]

> Er [Platon, Anmerk. d. Verf.] warnt ausdrücklich davor, die Wertung der Geometrie, der er die gleiche Bedeutung wie der Arithmetik zuerkennt, von ihrem Nutzen für die Praxis abhängig zu machen, sondern sie lehrt und erleichtert uns die Erkenntnis τοῦ ὄντως ὄντος, des Wahrhaft-Seienden, der Idee, ja sie bewirkt, dass die höchste Idee, die Idee des Guten leichter geschaut wird.[156]

Die Ideenwelt ist für Platon gleichzeitig auch die Welt der Wahrheit und der Wissenschaft. Die Seele bleibt vom Irrtum befreit und erkennt die Wahrheit, wenn sie ganz auf sich selbst gestellt das Sein zu erkennen trachtet, weil sie sich im Reiche der immer mit sich selbst identischen Gegenstände befindet. Dieser Zustand wird dann als Wissen bezeichnet. Nur in der Ideenwelt können wissenschaftliche Sätze und Gesetze wirklich gelten. Damit ist erwiesen, dass wir eben noch eine andere Gegenstandswelt annehmen als die sinnlich ausgedehnte, nämlich die ideale Gegenstandswelt. Platon unterscheidet (*Politeia* VII 526a und *Philebos* 56cf.) drei Einheiten: Die Einheit der Idee, die es nur einmal gibt, die mathematische und die sichtbare Einheit, die es unendlich vielmal gibt, wobei erstere untereinander gleich und unteilbar sind, letztere ungleich und teilbar.

Die Erziehung durch das mathematische Denken bewirkt nach Platon, dass diese den Menschen aus der ‚Höhle' befreit und ihn lehrt, zunächst seine geblendeten Augen weg von den Schatten auf die Dinge selbst zu richten. Als Beispiel dafür sei hier ein Ausschnitt aus seinem *Siebenten Brief* (342c4-d2) genannt, wo es um die Unterscheidung zwischen verschiedenen Betrachtungsweisen eines geometrischen Begriffs geht. Dort heißt es:

> Das Vierte ist das wissenschaftliche Erkennen, das Vernehmen durch den vernünftig denkenden Geist, die objektive wahre Vorstellung von solchen Dingen, und diese ganze Tätigkeit muss man als eine zählen, da sie nicht in äußerlichen sprachlichen Lauten, nicht in den der körperlichen Wahrnehmung zugänglichen Gestal-

155 *Politeia* VII 527b7-8: „τοῦ γὰρ ἀεὶ ὄντος ἡ γεωμετρικὴ γνϖσίς ἐστιν."

156 Simon, S. 187-188.

ten, sondern innerhalb der Seele ist, und durch diese Innerlichkeit unterscheidet sich dies (objektive) wissenschaftliche Erkenntnis von dem (idealsten, aber dabei reellsten) Ur-Kreis an sich und zweitens auch von den drei vorhin genannten (niederen) Erkenntnismomenten. Unter diesen Erkenntnismomenten ist das des inneren (geistigen) Vernunftvermögens dem Fünften (dem Ur-Kreis an sich) an Verwandtschaft und Gleichheit am nächsten, die anderen aber stehen weit zurück.

Der Kreis war schon für das griechische Denken eine absolute Metapher der Kosmologie. Platon hat in seinem zehnten Buch der *Nomoi* davon gesprochen, dass die alles durchwaltende und allem innewohnende Seele dem Weltall eine sinnvolle, der Vernunft in ihrem Prinzip entsprechende, organisierende Bewegungsform, die vollkommene Kreisbewegung vermittelt.[157] Mit einem Kreis ist nicht das gemeint, was an einer Tafel gezeichnet ist, sondern der ideale Kreis, für den als einzigen die Kreisgesetze gelten, denn der gezeichnete Kreis ist nicht ideal, er weist stets geringe Abweichungen auf. So schreibt Platon im *Phaidon* (75a8-b1):

> Aber doch an den Wahrnehmungen muss man bemerken, dass alles so in den Wahrnehmungen vorkommende jenem nachstrebt, was das gleiche ist und dass es dahinter zurückbleibt.

Es besteht nach Platon ein Unterschied zwischen der Ideenwelt (‚mundus intelligibilis'), die die wahre und eigentliche Welt darstellt, und der sichtbaren Welt (‚mundus sensibilis'), die ein bloßes Abbild ist, das in der Mitte zwischen Sein und Nichtsein steht. Für Platon bildet das Mathematische und insbesondere die geometrischen Figuren, ein Zwischenbereich zwischen Ideen und Sinnendingen, den Ideen verwandt durch ihre Unveränderlichkeit (Zeitüberlegenheit), den Sinnendingen durch ihr vielfaches Vorhandensein (z. B. mehrere Kreise in einer ‚idealen' Figur)[158].

---

157 So ist die Vermittlung von Einheit (Zentrum) und Vielheit (Peripheriepunkte) im Kreis- und Sphärenschema für das christliche Gottesverständnis wichtig geworden. In den Metaphern Kreis und Sphäre drücken sich verschiedene Aspekte des christlichen Gottesbegriffes wie Ewigkeit, Trinität und Parusie, nach Platon die Anwesenheit, die Gegenwart und das Dasein der Ideen in den Dingen, aus.

158 Anderes dagegen Aristoteles, der den mathematischen Wesenheiten die Selbständigkeit (Substanzialität) abspricht. Sie entstehen nach ihm lediglich durch Abstraktion (Aphairesis). Das wird von Aristoteles öfters, in

Eine Erklärung, warum der ‚ideale' Kreis zugleich der reellste Kreis ist, gibt uns Platon im *Phaidon*. Dort (75b2-7) heißt es u. a.:

> Ehe wir also anfingen, zu sehen oder zu hören, oder die anderen Sinne zu gebrauchen, mussten wir schon irgendwoher die Erkenntnis bekommen haben des eigentlichen Gleichen, was es ist, wenn wir doch das Gleiche in den Wahrnehmungen so auf jenes beziehen sollten, dass es dergleichen alles zwar strebt zu sein wie jenes, aber doch immer schlechter ist.

Für Platon gab es zwischen Realem und Idealem eine Beziehung von Partizipation: Alle Dinge partizipieren am Selben (*Sophistes*, 256a), und es war gerade die Geometrie, welche, indem sie Formen von absoluter Generalität individuierte, es ermöglichte, das zu erkennen, was beständig ist. Denn als die wichtigste geistige Aufgabe des Menschen sah Platon die Unterscheidung zwischen der sich dauernd verändernden Welt der Erscheinung und der sich nie wandelnden Wirklichkeit. Diese Wirklichkeit war für ihn die Welt der Formen, die von der Erscheinung allenfalls eine Annäherung an diese Formenwelt erreicht.

Szabó[159] weist darauf hin, dass die Beziehung der Geometrie zum „immerwährenden Sein" an die Philosophie der Eleaten, insbesondere an die des Parmenides erinnert. Tatsächlich scheint der platonische Dialog *Parmenides* solche Zusammenhänge zu bestätigen. Szabó kommt zu dem Ergebnis, dass die „älteste deduktive Mathematik der Griechen einer Anregung der eleatischen Philosophie zu verdanken sei."[160]

---

verschiedenen Schriften, dargelegt, so z. B. in *Physik II, 2* (p. 193b 22194 a 12), *Von der Seele I, 1* (403 b 11-16).

159 Szabó, S. 355-461.

160 Szabó (S. 358) glaubt, dass sich die Abkehr von einer praxisbezogenen Mathematik schon lange vor Platon und Aristoteles vollzogen habe, eben unter dem Einfluss der eleatischen Philosophie. Szabó sieht Ansätze zu einer *„definitorisch-axiomatischen Mathematik"* schon in der häufig auftretenden Methode des indirekten Beweises in der Mathematik des 5. Jahrhunderts und in dem sich wandelnden Evidenzbegriff jener Epoche, der nicht mehr einfach das ‚Sehen' im physikalischen Raum meinte. In der genannten Arbeit versucht er, seine Theorie durch terminologiegeschichtliche Überlegungen zu untermauern. Dem stimmt auch Meschkowski zu, wenn er schreibt (S. 57): *„Die Einwirkung der eleatischen Philosophie auf die Mathematik ist zum mindesten durch das Werk Platons gesichert."* Aber, so führt er auch fort:

„Ob es einen unmittelbaren Einfluss der Eleaten auf die Mathematiker ihrer Epoche gegeben hat, lässt sich einfach deshalb nicht mit Sicherheit sagen, weil wir zu

Die Geometrie war damals die einzige deduktive Disziplin, und Platon bemerkte die Bedeutung ihrer Beweisstruktur, so dass er die Kenntnis der Geometrie als grundlegende Voraussetzung, das Studium der Philosophie zu bewältigen, ansah: Die Geometrie ist das Wissen von dem, was ständig ist (VII 527 b). Platon kritisiert in der *Politeia* nicht so sehr die zeitgenössischen Geometriker, sondern eher die Art der von ihnen betriebenen Wissenschaft, die ihm zu sehr am sichtbaren Objekt oder Modell hing oder gar meinte, die jeweilig konstruierte Figur entstehe erst im Laufe der Konstruktion, während für Platon das Konstruieren im Sichtbaren nur ein Nachziehen der schon vorher in der Idee existierenden und als Ganzes vom Geist geschauten Gestalt ist. Ihre Termini (Quadrieren, Konstruieren[161]) sind daher unpassend. Platon will also auch für die Geometrie das Primat der Idee gewahrt wissen. Nicht die Bezüge auf die praktische Anwendung sind für Platon wichtig[162], sondern (zum Beispiel) die Möglichkeit, erkenntnistheoretische bedeutsame Aussagen über inkommensurable Größen zu gewinnen.

Viele Fragen der Philosophie, die in der Akademie behandelt wurden, wusste Platon in seinen Werken mit aktuellen mathematischen Themen gut zu verbinden. Einige davon führt er in seinen Schriften wie Rätsel und nicht deutlich an. Trotzdem können wir seine Gedankengänge rekonstruieren und daraus ersehen, welche Fragen ihn am meisten beschäftigten und ihm besonders am Herzen lagen. Darunter ist an erster Stelle die große Frage der Inkom-

---

wenig zuverlässige Quellen über die eleatische Philosophie und die zeitgenössischen Mathematiker haben."

Nach Meschkowski müssen alle Aussagen betreffend der Anfänge des deduktiven Denkens in der griechischen Mathematik als unsicher angesehen werden.

161 Die griechischen Wörter bezeichnen nach Platon zu sinnfällig die abstrakte Operation; so „τετραγωνίζειν" ≈ ‚viereckig machen' ≈ ‚quadrieren', ‚παρατείνειν' ≈ ‚nebenbeispannen', ‚eine Linie zum Parallelogramm verbreitern', ‚προστιθέναι' ≈ ‚hinzulegen'. Hier ist eine wörtliche Übersetzung unmöglich. Platon ist hier insofern ungerecht gegen die Geometrie, als in jeder Wissenschaft neu geschaffene Termini erst durch längeren Gebrauch aus ihrer früheren allgemeinen Bedeutung herausgehoben werden müssen, wenn sie nicht von Anfang an neu gebildete Wörter sind.

162 *Politeia* (VII 527a6-b1): *„Sie [Geometer] reden nämlich gar lächerlich und notdürftig; denn es kommt heraus, als ob sie etwas ausrichteten, und als ob sie eines Geschäftes wegen ihren ganzen Vortrag machten, wenn sie quadrieren, verlängern, zusammennehmen und was sie sonst für Ausdrücke haben; die ganze Sache aber wird bloß der Erkenntnis wegen betrieben."*

mensurabilität und Irrationalität zu erwähnen. In deren Hintergrund sind zwei große Probleme zu erkennen, die mit dem Problem der Irrationalität direkt verbunden sind, nämlich die berühmten Probleme der Quadrat- und Würfelverdoppelung.

13.4.1 Das Phänomen der Quadrat- und Würfelverdoppelung

Während das erste Problem, die Quadratverdoppelung, seine geometrische Lösung im Bereich der quadratischen Irrationalitäten fand, hat, wenn wir Plutarchos von Chaironeia Glauben schenken dürfen[163], die geometrische Lösung des zweiten Problems, die des berühmten Körperproblems der Würfelverdoppelung, im Bereich der kubischen Irrationalitäten der Akademie die größten Schwierigkeiten bereitet.

Aus den Platonischen Dialogen möchte ich nun jene Stellen aus dem Originaltext entnehmen, in denen vom mathematischen Irrationalen direkt die Rede ist oder Hinweise auf das mathematische Inkommensurable und Irrationale zu finden sind. Als Beispiel werde ich auf den folgenden Seiten die *Menon*-Stelle (82b-85e), in der es um das Problem der Quadratverdoppelung geht, erörtern.

In diesem Dialog Platons geht es um die von dem Thessalier Menon an Sokrates gestellte Frage, ob die Tugend lehrbar sei oder nicht. Im Verlauf des Gesprächs wird dabei ein Punkt erreicht, bei dem ein zum Gesprächsthema passendes geometrisches Problem - die Verdoppelung des Flächeninhalts eines vorgegebenen Quadrats - behandelt wird.

Ein der Geometrie unkundiger Sklavenknabe, wird von Sokrates in ein Zwiegespräch verwickelt und im Fragen aufgefordert, die Lösung des erwähnten Problems zu finden, nämlich die Verdoppelung eines vorgegebenen Quadrats - oder genauer gesagt, im Ausgang von einem vorgegebenen Quadrat die Seite eines flächenmäßig doppelt so großen Quadrats zu finden. Nach Oskar Becker[164] skizziert diese Sklavenszene aus dem *Menon* (82b-85e)

> in der Platon uns nicht nur ein lebendiges Bild des geometrischen Elementarunterrichts der Zeit vermittelt,

---

163 Plutarchos' Vitae, *Pelopidas und Marcellus* 305 EF; *Moralia,* 718 E12, ed. Bernardakis.

164 Becker (²1964), S. 109.

sondern auch den „apriorischen" Charakter der mathematischen Erkenntnis auf das klarste herausarbeitet, auf die man sich nur zu besinnen braucht, um sich ihrer wieder zu erinnern.

Für Platon ist die Mathematik „Wecker der Erkenntnis" und „das Lernen nichts anderes als Wiedererinnerung" (*Phaidon* 72e5-6)[165].

13.4.2 Lernen ist nichts anderes als Wiedererinnerung

Sokrates behauptet, dass man Unbekanntes erforschen könne, da die Seele unsterblich und oftmals ‚geboren' sei, habe sie in ihrem göttlichen Dasein einst alles erblickt (*Menon,* 81c-d). Denn als sie in dem ὑπερουράνιον τόπον, in dem ‚überhimmlischen Raum', mit den Göttern umherzog, da schaute sie alles, auch die Gerechtigkeit (δικαιοσύνη), die Besonnenheit (σοφροσύνη), genauso die Wissenschaft (ἐπιστήμη, *Phaidros* 247d-e) und die anderen Ideen. Ihr Lernen ist daher nur eine Wiedererinnerung an das Gesehene.

> Wie nun die Seele unsterblich ist und oftmals geboren, und, was hier ist und in der Unterwelt, alles erblickt hat; so ist auch nichts, was sie nicht hätte in Erfahrung gebracht, so dass nicht zu verwundern ist, wenn sie auch von der Tugend und allem andern vermag sich dessen zu erinnern was sie ja früher gewusst hat. Denn da die ganze Natur unter sich verwandt ist, und die Seele alles inne gehabt hat: so hindert nichts, dass wer nur an ein einziges erinnert wird, was bei den Menschen lernen heißt, alles übrige selbst auffinde, wenn er nur tapfer ist und nicht ermüdet im Suchen. Denn das Suchen und Lernen ist demnach ganz und gar Erinnerung (*Menon,* 81c5-c9).

Nun soll der Sklavenknabe durch gezielte Fragen des Sokrates, welche die Wiedererinnerung (ἀνάμνησις) in ihm in die Wege leiten sollen, die in Rede stehende geometrische Aufgabe der Quadratverdoppelung lösen.

Durch die sokratische Maieutik[166] ist es dem mathematisch nicht vorgebildeten Sklaven gelungen, die Lösung des Problems durch

---

165 Dasselbe bekommen wir auch von den Pythagoreern zu hören. Darüber berichtet Proklos in seinem Euklid-Kommentar: Dort also schreibt er: „τῶν Πυθαγορείων κατειδότων μὲν ὅτι πᾶσα ἡ καλουμένη μάθσις ἀνάμνησίς ἐστιν". *„Die Pythagoreer erkannten aber, dass alles sogenannte Lernen Wiedererinnerung ist."* (Proklos (42) p. 45, 5-7).

166 μαιευτικέ τέχνε = Hebammenkunst

eigenes Denken zu finden. In dieser allein durch das selbständige Denken erfassbaren Wahrheit sieht Sokrates den Beweis für das vor der Geburt erworbene Wissen der Seele. Schließlich folgert Sokrates (*Menon*, 85c6-7):

> „Τῷ οὐκ εἰδότι ἄρα περὶ ὧν ἄν μὴ εἰδῇ ἔνεισιν ἀληθεῖς δόξαι περὶ τούτων [ὧν οὐκ οἶδε]."
>
> „In dem Nichtwissenden also sind von dem was er nicht weiß dennoch richtige Vorstellungen".

Und dann fragt er (*Menon*, 85d6-7):

> „Τὸ δὲ ἀναλαμβάνειν αὐτὸν ἐν αὐτῷ ἐπιστήμην οὐκ ἀναμιμνῄσκεσθαί ἐστιν;".
>
> „Dieses nun, selbst aus sich eine Erkenntnis hervorholen, heißt das nicht sich erinnern?"

Mit diesem geometrischen Beispiel der Quadratverdoppelung will Platon demonstrieren, dass die Seele durch die Mathematik „auf eine übersinnliche Wahrheit aufmerksam gemacht wird"[167]. Durch die Anamnesis wird eine Art Brücke zum einstigen Wissen kenntlich, wodurch es aus der Vergangenheit geholt, wieder lebendig gemacht wird.

Lernen ist also Wiedererinnerung (ἀνάμνησις) und ohne eine solche Wiedererinnerung ist eine ἀληθὴς δόξα (richtige Meinung, doch ohne Wissen des Grundes), wie man sie vor allem im Handeln tüchtiger Staatsmänner antrifft, nur aufgrund einer θεία μοῖρα (göttliche Eingebung) möglich.

Aus der Aktualisierung der eingeborenen Ideen im Akt des Wiedererinnerns des wahren Seins folgt ein sittliches Handeln; denn die Umwendung der Seele durch dieses Urwissen lässt nur noch rechtes Handeln zu: Wissen ist Tugend, Freiheit ist identisch mit innerer Notwendigkeit. Gaiser[168] sieht darin einen Zusammenhang zwischen der Platonischen Philosophie mit der pythagoreischen Lehre. Es handelt sich dabei um jene Stelle, in welcher der Gedanke der Seelenwanderung erwähnt wird, mit dem Unterschied allerdings, dass die Pythagoreer an ein Leben in vergangener Zeit dachten, wenn sie von einer Wiedererinnerung an frühere Erlebnisse sprachen, Platon hingegen an eine andere, ‚unkörperliche Daseinsweise' der Seele gedacht hat.

---

167 Gaiser (1986), S. 92.

168 Gaiser (1972), S. 391.

> Wie kann ich aber wissen, *so fragt von Weizsäcker*[169], dass es das Gleiche gibt, da alles was mir sinnlich gegeben ist, immer ungleich ist, die Gleichheit also empirisch überhaupt nicht vorkommt. Hier wird nun mit dem Mythos der Anamnesis gesagt: Vor all meiner sinnlichen Erfahrung, vor diesem Leben in diesem Körper hat die Seele schon einmal das Gleiche selbst geschaut und daran wird sie erinnert durch diejenigen Dinge, die nicht wahrhaft gleich sind, sondern am Gleichen nur Anteil haben. Diese Teilhabe, dieses angebliche Gleichsein, was doch nicht Gleichsein ist, das ist das Wesen des Sinnlichen, welches entsteht und vergeht. Das Gleiche selbst aber ist sich selbst immer gleich, ist unvergänglich, immer dasselbe; das ist die „Gestalt" des Gleichen, griechisch „idea". Die Idee ist, sie ist wirklich. Das, was ein Ding ist, beschreibe ich, indem ich seine Idee nenne, also beschreibe ich sein Sein durch seine Idee. Die Ideen sind also charakterisiert durch Sein, im Unterschied zu Entstehen und Vergehen.

Der Abschnitt aus dem *Menon* zeigt uns, dass wir Urteile a priori aus unserem eigenen Geiste schöpfen können. In jeder menschlichen Vernunft schlummern somit die allgemeinen Wahrheiten und Begriffe a priori. Dazu bedarf es aber wohl eines so hervorragenden Pädagogen wie Sokrates, der mit seiner Methode der Maieutik dem Menon durch gezieltes Fragen die richtige Antwort aus dem Schlaf des Verborgenen ins Bewusstsein holt. Dieses geschieht mittels der Dialektik, indem der Lehrer den Blick des Schülers in das eigene Innere lenkt, damit der sich nach und nach zurechtfindet. Sokrates erreicht dieses Ziel durch die fragende und prüfende Leitung der Gedanken. Die Mathematik setzt nach Platon bestimmte Begriffe voraus. Platon, das demonstriert er hier an der *Menon*-Stelle, verfährt deduktiv, um dann „progressiv, zu den erstrebten Erkenntnissen weiterzuschreiten"[170]. Dabei geht er von Voraussetzungen aus, „ohne von ihnen weiter Rechenschaft abzulegen"[171].

Im Einklang mit der Anamnesislehre stammt die Seele aus der Sphäre des νοῦς infolge der sinnlichen Begierde. Nunmehr ist sie in den Leib eingesperrt ‚gleich einer Krankheit'. Der Körper (σϖμα) wird somit zum Grab (σῆμα) der Seele. Die Anamnesisleh-

169 Weizsäcker von, S. 12.

170 Vorländer, S. 138.

171 Ibid.

re ist gleichzeitig auch ein Argument für die Präexistenz der Seele und soll auch ihre Unsterblichkeit zeigen.[172] Ziel des irdischen Lebens ist die Rückkehr der Seele in ihren Urzustand. Die Verbindung der Seele zu ihrem Ursprung kann aber nur mit der Regentschaft der Vernunft über die anderen Seelenteile (Mut, Begierde) geschehen. Bei der Geburt aber, so scheint es, vergisst die Seele alles. Das Lernen besteht in einer Wiedererinnerung. Das Wissen bezieht sich allerdings auf nicht-empirische Kenntnisse, sondern auf Wahrheiten, auf Ideen, auf Nichtveränderbares. Erkenntnis richtet sich für Platon auf das unveränderlich Seiende.[173] Sokrates kommt zu dem Schluss, dass die Seele die Wahrheit immer in sich hat, und dass sie daher unsterblich sein muss.

Nun, die Wahrheit, um welche es hier geht, ist einerseits die Erkenntnis, dass man auf geometrischem Weg mit Hilfe der Quadratdiagonale *AC* eines vorgegebenen Quadrats *ABCD* zu einem Quadrat *ACEF* mit doppeltem Flächeninhalt kommt, und andererseits die Erkenntnis, dass die Seite *AB* des Bezugsquadrates und seine Diagonale *AC*, also die Seite des doppelten Quadrats, nicht mit dem gleichen Maß messbar sind. Sie haben kein gemeinsames Maß, sie sind inkommensurabel. Da aber die Seite *AC* des flächenmäßig doppelten Quadrats zugleich auch Diagonale des Bezugsquadrats ist, folgt daraus der ewig gültige Satz: „Seite und Diagonale eines Quadrats sind zueinander inkommensurabel". Das bedeutet, die Diagonale *AC* ist eine irrationale Größe[174], sie kann nicht durch eine rationale Zahl dargestellt werden.

Zusammenfassend könnte man heute den geometrischen Inhalt der *Menon*-Stelle (82-85) wie folgt interpretieren: Benennt man mit d die Seite *AC* des Quadrats *ACEF* von der Fläche 2, so ist $d^2 = 2$ und die Seite *AC* hat den Wert $d = \sqrt{2}$, wobei das Zeichen $\sqrt{2}$ die irrationale Zahl d bezeichnet, die mit sich selbst multipliziert den Wert 2 ergibt.

Es ist daher $AC = d$ irrational, weil es keine rationale Zahl gibt, die mit sich selbst multipliziert, die ganze Zahl 2 ergeben kann. *AC* ist die Diagonale des Bezugsquadrats *ABCD*, folglich ist die Diagonale *AC* als Seite d des Folgequadrats *ACEF* eine irrationale Größe.

---

172 Nach Bormann aber (S. 106): *„Sie beweist jedoch nur die Präexistenz der Seele [und nicht die Unsterblichkeit der Seele]"*.

173 Vgl. Bormann, S. 100.

174 Denn die Seitenlänge des Bezugsquadrats ist zwei Fuß, die Länge aber seiner Diagonale AC ist, wie wir heute wissen, gleich der irrationalen Zahl $\sqrt{8}$.

Platon verliert in seinem Dialog kein einziges Wort über die Irrationalität der Quadratdiagonale, doch seine verborgene Absicht ist es, den Leser zu der Erkenntnis zu führen, dass die Flächen der beiden Quadrate zueinander kommensurabel sind, nicht aber ihre Seiten. Diese sind zueinander inkommensurabel. Es gibt keinen Zweifel darüber, dass Platon auf die Inkommensurabilität zwischen Seite und Diagonale bzw. auf die Irrationalität der Diagonale des Quadrats hinzielt.

Das ergibt sich ganz offensichtlich aus der Terminologie des Sokrates, die er bei seinem Gespräch gebraucht. Denn die Ausdrükke und Begriffe, die Sokrates benützt, lassen erkennen, dass er indirekt von kommensurablen und inkommensurablen, also von rationalen und irrationalen Größen spricht. Denn als Sokrates den Sklavenknaben nach der Seitenlänge des achtfüßigen Quadrats fragte und merkte, dass der Knabe Schwierigkeiten hatte, sie als Zahl anzugeben, forderte er ihn auf, diese in der Figur zu zeigen. Platon wusste also genau, dass sich diese Strecke nicht in Zahlen ausdrücken lässt, denn sie ist irrational.

Das formuliert Konrad Gaiser, der schreibt:

> Sokrates fragt nämlich nur am Anfang, wie viele Fuß die gesuchte Strecke messe [πόσοι πόδες, (82c-82d)], dann aber: Wie groß oder wie lang sie sei [πηλίκη ἐστίν, (82d7-83e1)]. Damit ist offenbar einem bestimmten mathematischen Sprachgebrauch Rechnung getragen, an den sich auch Euklid hält: Der Begriff (πόσος) ist auf direkt zahlenmäßig fassbare Größen beschränkt, während mit (πηλίκη) sowohl kommensurable als auch inkommensurable (rationale und irrationale) Größen bezeichnet werden können. Den gleichen Sinn hat es, wenn Sokrates mehrmals nicht nach der Größe, sondern sozusagen nach der Art der gesuchten Linie fragt [ὁποία ἐστίν, ἀπὸ ποίας; (82e5) und (83c4-83d10)]. Denn damit wird zum Ausdruck gebracht, dass die fragliche Größe, da sie im Verhältnis zu der zahlenmäßig gegebenen Seite inkommensurabel ist, von anderer Art ist, als diese. Und eben dasselbe liegt schließlich auch in der Aufforderung an den Sklaven: Wenn du die Seite nicht der Zahl nach angeben willst, dann zeige doch, von welcher Linie aus das doppelte Quadrat entsteht [καὶ εἰ μὴ βούλει ἀριθμεῖν, ἀλλὰ δεῖξον ἀπό ποίας, (84a1)]. Damit ist unverkennbar angedeutet, dass

die gesuchte Größe grundsätzlich nicht durch ‚Zählen' bestimmt werden kann[175].

Im Anschluss an diese Darstellung des Problems der Quadratverdoppelung kann man nun die Frage aufwerfen, ob die dargelegte Lösungsmethode des obigen Problems eine echte Platonische Entdeckung ist. Es ist ja bekannt, dass Platons philosophisches System sehr von der pythagoreischen Lehre beeinflusst war und dass seine Lehrer in der Mathematik Pythagoreer waren. Pythagoreer waren auch jene, die ihn in das Mysterium der Zahlen und in die Theorie des Irrationalen einweihten.

Es ist daher anzunehmen, dass diese Lösungsmethode eine pythagoreische Entdeckung, also eine Einsicht, eine geistige Leistung der pythagoreischen Schule ist, doch das wird nirgends ausdrücklich bezeugt. Dagegen gibt es noch aus der Zeit der Antike einen Bericht des Vitruvius, in dem behauptet wird, dass die erwähnte Lösungsmethode des Problems der Quadratverdoppelung, die mit Sicherheit als Lehrsatz zum Lehrprogramm der Platonischen Akademie gehörte, von Platon selbst entwickelt wurde. Doch Vitruvius Pollio, ein römischer Baumeister, der zur Zeit des Augustus (63 v. Chr.-14 n. Chr.) lebte, ist der einzige, der behauptet, dass die Lösung der Quadratverdoppelung eine Platonische Entdeckung ist.

Vitruvius schreibt im neunten seines zehn Bücher umfassenden Opus *Über die Architektur* folgendes:

> Und an erster Stelle will ich von den vielen sehr nützlichen Lehrsätzen Platons einen darlegen, wie er von ihm entwickelt worden ist. Wenn da ein quadratischer Platz oder Acker mit gleichen Seiten ist und man ihn verdoppeln muss, so wird (die Seitenlänge), weil man eine Art von Zahl dafür nötig hat, die sich durch Multiplikation (auf arithmetischem Wege) nicht finden lässt, deswegen durch eine fehlerfreie Verzeichnung von Linien (auf geometrischem Wege) ermittelt. Dies ist der Beweis dafür: ...

Vitruvius führt die Beschreibung des Beweises aufgrund von Zahlenangaben und eines gezeichneten Quadrats an, dessen Diagonale sich als Seite des gesuchten doppelflächigen Quadrats erweist. Er beendet dann die Beschreibung mit der Zeile: „Auf diese

175 Wippern, S. 349.

Weise ist mit geometrischer Methode von Platon die Verdoppelung entwickelt."[176]

Dieser Bericht des Vitruvius gilt als die einzige Überlieferung aus der Zeit der Antike, die bezeugt, dass die erwähnte Methode der Quadratverdoppelung eine rein Platonische Entdeckung ist. Aber das ist eine unsichere Vermutung, die sich nicht durch andere Berichte des Altertums oder ähnliche Überlieferungen erhärten lässt. Das einzige Argument, das dafür spricht, ist die Tatsache, dass Platon in der betreffenden *Menon*-Stelle als Seitenlänge des Bezugsquadrats oder Ausgangsquadrats nicht gemäß der pythagoreischen Gepflogenheit ein Fuß, sondern zwei Fuß gewählt hat. Die Auffassung, dass dies offenbar auf Platons Wunsch hindeutet, die Methode der Quadratverdoppelung als seine eigene Entdekkung zu präsentieren, ist nicht haltbar. Die Wahl einer geraden Zahl als Länge einer Quadratseite ist typisch für Platon und beruht nicht auf Zufälligkeit. Sie ergibt sich aus folgender Notwendigkeit: Nach Auffassung Platons (*Politeia* VII 525e) ist die Einheit unteilbar. Nach Platons eigenen Worten lassen die fachkundigen Mathematiker gar nicht zu, dass die Einheit geteilt wird. Hätte er als Seitenlänge ein Fuß gewählt, so müsste jede Hälfte des Ausgangsquadrats durch den Bruch 1/2 dargestellt werden; so etwas aber ließe Platon nicht zu,

> denn Brüche verachtete man und überließ sie den Kaufleuten. Sichtbare Dinge, so sagte man, seien teilbar, nicht aber mathematische Einheiten. Statt mit Brüchen arbeitete man mit Verhältnissen von ganzen Zahlen.[177]

Bei dem Versuch, das Problem der Würfelverdoppelung zu lösen, suchte man in der Akademie nach neuen mathematischen Wegen. Es liegt die Vermutung nahe, dass die Suche Platons nach der Lösung des Problems der Würfelverdoppelung die eigentlich treibende Kraft seiner geometrischen Forschung war. Diesen Eindruck bekommt man, wenn man sich mit den mathematischen Stellen in Platons Werken näher befasst und sie zu klären versucht. So mussten die Forschungsbemühungen auf dem Gebiet der Geometrie intensiviert werden, was zu interessanten Ergebnissen und vor allem zu der Ausbildung der Stereometrie führte.

---

176 Vitruvius, S. 405.

177 Van der Waerden (²1966), S. 81.

13.5 Die Stereometrie

Bei der Stereometrie handelt es sich um eine Geometrie des dreidimensionalen euklidischen Raumes, von der Platon im *Timaios* in Form der sogenannten Platonischen Körper; d. h. der fünf regulären Polyeder, beim Aufbau einer Elemententheorie Gebrauch macht.[178] Platon vermisst die Stereometrie (VII 528a-c), die offenbar damals noch nicht zur Geometrie gehörte. Nun haben sich ja bereits die Pythagoreer mit den Körpern befasst, aber die Problematik, somit die wissenschaftliche Behandlung, fehlte noch; sie hat nach antiker Tradition Theaitetos geschaffen, der 369 gestorben ist und dessen Andenken Platon in dem nach ihm benannten Dialog wachgehalten hat. Zu dieser Annahme, dass die wissenschaftliche Behandlung der Stereometrie Platon und seiner Akademie zu verdanken ist, fügt sich die andere Nachricht, dass Platon das ‚Delische Problem' der Quadratur des Würfels gelöst habe - ob sie nun auch historisch zutrifft oder nicht. Besondere Bedeutung hatten für Platon die seit den Pythagoräern bekannten fünf regelmäßigen Polyeder.

> Diese Körper seien gerade die Formen, aus denen die Welt aufgebaut ist: die Atome des Feuers seien Tetraeder[179], die der Luft Oktaeder[180], die des Wassers Ikosaeder[181] und die der Erde Würfel. Der ganze Kosmos habe schließlich die Gestalt des Pentagondodekaeders[182], welcher der vollkommenste Polyeder sei, weil er der Kugel am ähnlichsten sei.[183]

13.6 Die Astronomie

Der Übergang von der Geometrie zur Astronomie bedarf eines Zwischenschrittes, nämlich „der Erweiterung der bisher nur zweidimensionalen Geometrie auf die dritte Dimension"[184], d. h. das Hinzukommen der Potenz (VIII 546b-c), da sich die Astronomie mit dreidimensionalen Räumen beschäftigt (VII 528e).

---

178 Vgl. Vlastos, S. 66-97.

179 Die von vier gleichseitigen Dreiecken begrenzte gleichseitige dreieckige Pyramide.

180 Der von acht gleichseitigen Dreiecken begrenzte regelmäßige Körper.

181 Der von zwanzig gleichseitigen Dreiecken begrenzte regelmäßige Körper.

182 Der von zwölf regelmäßigen Fünfecken begrenzte regelmäßige Körper.

183 Bajlicz, S. 29.

184 Natorp, S. 208.

Die Astronomie gilt als ideale mathematische Wissenschaft, da sie die ‚wahren' Himmelsbewegungen aufzufinden hat, von der die beobachteten abweichen können. Die astronomischen Objekte sind nicht durch das Sehen zu finden, sondern durch Berechnen und Bedenken („λόγῳ μὲν καὶ διανοίᾳ", VII 529d4-5), denn die

> sinnliche Erscheinung liefert nicht mehr als das Problem; in ihr unmittelbar soll man die wahren Gleichförmigkeiten, soll man das Gesetz nicht zu finden erwarten, sondern dies ist auf rationalem Wege rechnerisch zu ermitteln[185].

Der Astronom idealisiert die Vorgänge am Himmel. Von Weizsäcker macht darauf aufmerksam, dass in der Astronomie

> Grundstrukturen der Wirklichkeit sichtbar gemacht werden, auf welche jeder den Blick richten muss, der imstande sein will, die sehr viel komplizierteren, verworreneren Strukturen des Wirklichen zu durchschauen, die sich im politischen Kampf oder in der politischen Ordnung manifestieren.[186]

Was Platon eigentlich von der Astronomie erwartete, muss man aus jener Passage aus der *Politeia* entnehmen, wo die mathematischen Wissenschaften als Vorstufen zur Dialektik besprochen werden. Dort wird die Astronomie als ein Projekt vorgestellt, hinter dem die zu Platons Zeit betriebene noch durchaus zurückblieb.[187] Wenn man aus dieser Darstellung entnimmt, was Platon an Kenntnissen von der Astronomie erhoffte, dann wird man auch besser den Sinn jener astronomischen Stellen verstehen, an denen er auf der Basis der unvollständigen zeitgenössischen Astronomie sein kosmologisches Konzept entwirft.

Als das Thema der Astronomie wird im siebten Buch der *Politeia* sogleich die Erkenntnis der Zeiten genannt. Auf Sokrates' Frage,

---

185 Natorp, S. 211.

186 Weizsäcker von, S. 11.

187 Cassirer (1996), S. 82, macht in seiner Analyse der symbolischen Formen darauf aufmerksam, dass die Wurzeln der Astronomie in der Astrologie liegen, da es das *„erste und wesentliche Ziel der Astronomie war, Einblick in das Wesen und Wirken" von „magischen, göttlichen und dämonischen Mächten"*, die nach Vorstellung der Menschen den Himmelsraum erfüllten, zu gewinnen und *„ihre gefährlichen Einflüsse vorauszusehen, um ihnen zu entgehen". Durch solch irrationale […] Vorstellungen in Form „des symbolischen Denkens"* bahnte sich eine neue, angemessene *„Symbolik den Weg, der Symbolik der modernen Wissenschaft"*.

ob man die Astronomie in das Erziehungsprogramm aufnehmen werde, antwortet Glaukon:

> Ich gewiss [...] Denn die Zeiten immer genauer zu bemerken, der Monate sowohl als der Jahre, ist nicht nur dem Ackerbau heilsam und der Schifffahrt, sondern auch der Kriegskunst nicht minder (VII 527d2-4).

Glaukon gibt in der Begründung den tatsächlichen Nutzen an, um dessentwillen die Astronomie damals betrieben wurde. Glaukon verteidigt die Astronomie vom Nützlichkeitsstandpunkt, einer praktisch-utilaristischen Schulauffassung der Leute aus. Sokrates vertritt im Gegensatz dazu den Ansatz des idealen Platons, der von dem zu erreichenden Bildungsziel (hier des Philosophen) ausgeht. Die Astronomie wird von Glaukon, wo es um den erzieherischen Nutzen allein geht, verwiesen, - nicht aber, dass die Erkenntnis der Zeit überhaupt das Thema der Astronomie ist. Das mag vielleicht einen modernen Leser befremden, der erwartet, dass die Astronomie - wie der Name sagt - die Wissenschaft von den Gestirnen ist. Man muss sich aber klarmachen, dass in einer Zeit, wo Fragen nach dem Alter, der Zusammensetzung, der Strahlung, zum Teil sogar noch nach der Entfernung der Gestirne außerhalb des Horizontes lagen, die Zeit das Wesentliche war, was man an den Gestirnen erkennen konnte. Kosmologisch gesehen sind die Gestirne um der Zeit willen da, nicht umgekehrt. Sie sind, wie es im *Timaios* heißt, Werkzeuge der Zeit (ὄργανα χρόνου, 42d5) oder Werkzeuge der Zeiten (ὄργανα χρόνων, 41e6). Die Zeit ist der kosmologische Sinn der Gestirne, sie ist deshalb das eigentliche Thema der Astronomie.

In einem zweiten Anlauf begründet Glaukon den erzieherischen Nutzen der Astronomie damit, dass sie den Sinn nach oben richte, nämlich von den irdischen Geschehnissen fort zu den himmlischen - wie es doch von Sokrates verlangt worden war. Das verweist ihm Sokrates aber ebenfalls, weil er darin eine Verwechslung des räumlichen ‚Oben und Unten' mit dem nur metaphorisch gemeinten ‚Oben und Unten' der Erkenntnis sieht. Eine Astronomie, die sich mittels der Wahrnehmung auf die Gestirne oben am Himmel bezieht, eine empirische Astronomie also, kann keine wahre Erkenntnis liefern und deshalb auch keine analogische Funktion haben, ‚denn eine Wissenschaft von irgend derartigem - Wahrnehmbarem nämlich - gibt es nicht' (VII 529 b5-10). Dieses scharfe Verdikt dient in der *Politeia* dazu, den Unterschied von empirischer und ‚reiner' Astronomie einzuführen.

Womit beschäftigt sich diese ‚reine' Astronomie? Platon vertritt hier die uns gewiss sonderbar vorkommende Forderung, die Astronomie müsse von der Beobachtung der sichtbaren Himmelskörper absehen und rein spekulativ vorgehen. Damit knüpft er an die Pythagoreer an, die zu ihrer Lehre von der Kugelgestalt der Himmelskörper nicht durch Beobachtung, sondern von der Überlegung ausgegangen sind, die Himmelskörper müssten die vollkommenste Gestalt haben und diese sei nun mal die Kugel. Vielleicht liegt aber hier eine Anspielung auf die astronomische Tätigkeit seines Freundes Eudoxos von Knidos vor; dieser grenzte nicht nur die einzelnen Sternbilder gegeneinander ab, eine Arbeit, die durch die dichterische Gestaltung des Aratos und deren lateinische Übertragungen bis in die heutige Namengebung nachwirkt, sondern er vermochte auch die scheinbar regellose Bewegung der Planeten auf Gesetze einer kreisförmigen Bewegung zurückzuführen und somit den für Platon wichtigen Beweis eines wahren Weltenkosmos zu erbringen.

> Dies führte zu der Theorie der homozentrischen Sphären des Eudoxos und wohl auch zu dem System des Herakleides Pontikos.[188]

Es war gefragt worden, auf welche Weise man astronomisches Wissen erwerben soll, um für die Erziehung Nutzen zu haben. Sokrates antwortet:

> So, […] dass man diese Gebilde am Himmel, da sie doch im Sichtbaren gebildet sind, zwar für das beste und vollkommenste in dieser Art halte, aber doch weit hinter dem Wahrhaften zurückbleibend, in was für Bewegungen die Geschwindigkeit, welche ist (τὸ ὄν τάχος), und die Langsamkeit, welche ist (ἡ οὖσα βραδυτὴς), sich nach der wahrhaften Zahl und allen wahrhaften Figuren gegeneinander bewegen und was darin ist forttreiben, welches alles nur mit der Vernunft zu fassen ist, mit dem Gesicht aber nicht (VII 529c7-d5).

Gegenstand der Untersuchungen sind die Bewegungen, oder besser: Schnelligkeit und Langsamkeit, die hier als Subjekte der Bewegung auftreten (τὸ ὄν τάχος φέρεται), eine Merkwürdigkeit, die uns ebenfalls im *Timaios* begegnet. Platon unterscheidet zunächst acht Arten von Bewegungen (VII 530cf.): die kreisförmige, die geradlinig fortschreitende (mit oder ohne eigenen Umschwung), die

---

188 Becker (²1964), S. 116.

Bewegung des Zusammenstoßes (Zerteilung der Mischung); Wachstum und Abnehmen, Entstehen und Vergehen; dazu kommen zwei gesonderte: Die eine, die sich selbst nicht bewegt, aber andere; und die zweite, die sich selbst und andere bewegt. Schnelligkeit und Langsamkeit - werden daraufhin untersucht, wie sie „in der wahren Zahl und in allen wahren Gestalten" sich gegeneinander bewegen. Es geht um das zahlenmäßige Verhältnis von Langsamkeit und Schnelligkeit. Diese Wissenschaft lernten wir als einen Teil der Musik kennen und nannten es wohl mit einigem Recht Rhythmik im Unterschied zur Harmonik. Dass die Rhythmik hier als ein Teil der Astronomie erscheint - den anderen bildet die Lehre von den Bewegungsbahnen - sollte nicht wundern, denn Astronomie und Musik werden hier als zwei verschwisterte Wissenschaften vorgestellt, die sich nämlich beide auf Bewegung beziehen. Platon unterscheidet die Bewegungen nach den Sinnesorganen, die auf sie ansprechen:

> Es scheinen ja wie für die Sternkunde die Augen gemacht sind, so für die harmonische Bewegung die Ohren gemacht, und dieses zwei verschwisterte Wissenschaften zu sein, wie die Pythagoreer behaupten und wir zugeben (VII 530d6-9).

Die Berufung auf Sinnesunterschiede erscheint freilich in diesem Zusammenhang als eine Inkonsequenz. Denn bei der Wissenschaft, die sich mit der Bewegung in Bezug auf das Gehör beschäftigt, wird nachher allein die Harmonik abgehandelt. Für den Standpunkt der Vernunfterkenntnis kann es eben auch nicht zweierlei Rhythmik geben - eine für die gesehenen, eine für die gehörten Bewegungen - sondern beide sind eine Rhythmik, und diese wird hier der Astronomie als Aufgabe zugewiesen. Der Grund dafür ist, so glaube ich, dass es in der Astronomie und in der Rhythmik, in der Astronomie als Rhythmik, um die Erkenntnis der Zeiten geht.

Im *Timaios* wird der Wahrnehmung der Gestirne und ihrer Bewegungen dann durchaus eine analogische Funktion zugestanden, ja in ihrer Möglichkeit gründet sich sogar der Sinn der Augen, (*Tim.* 46e6-47b2):

> Was aber ihre größte Leistung zu unserem Nutzen ist, weshalb der Gott sie uns geschenkt hat, davon muss hiernach gesprochen werden. Meiner Ansicht nach ist die Sehkraft für uns deshalb Ursache des größten Gewinns, weil ja wohl von den jetzt über das All an-

gestellten Betrachtungen keine je stattgefunden hätte, wenn wir weder die Sterne noch die Sonne noch den Himmel erblickt hätten. Nun aber haben Tag und Nacht, dadurch, dass wir sie erblickten, und die Monate, der Jahre Umläufe, die Tagundnachtgleichen und Sonnenwenden die Zahl erzeugt und die Vorstellung der Zeit sowie die Untersuchung über die Natur des Alls uns gewährt. Und hieraus haben wir uns die Gattung der Philosophie verschafft, die das größte Gut ist, das je als Geschenk der Götter zu dem sterblichen Geschlecht kam oder kommen wird.

Freilich, daran lässt auch der *Timaios* keinen Zweifel, aus der Betrachtung der wahrnehmbaren Gestirne allein erwächst weder Wissenschaft noch Philosophie. Sie geben aber Anlass danach zu fragen, was sie eigentlich sind, als Abbild wessen sie zu verstehen sind.

14 Kritik an der Mathematik

Die vier Mathemata stellen zwar nach Platon die „Paradigmen theoretischen Wissens im Sinne eines erfahrungsunabhängigen, apriorischen Wissens“[189] dar, aber Platon stellt auch gravierende Mängel an diesen „später so genannten Formalwissenschaften“[190] fest. Seine Kritik an den Mathemata finden wir im Anschluss an das Liniengleichnis.

In jungen Jahren hörte Platon Vorlesungen des Kraytlos, der lehrte, dass wahre Erkenntnis unmöglich sei, da die Objekte der Sinneswahrnehmung sich immer verändern würden. Über Kratylos kam Platon mit Sokrates in Kontakt, von dessen Persönlichkeit er Zeit seines Lebens ergriffen und fasziniert geblieben ist. Erich Frank schreibt, dass

> Plato in seiner Jugend zuerst durch Kraytlos zur Verzweiflung an allem Wissen über die Dinge der Sinnenwelt gebracht worden, dann habe ihm Sokrates neben der Natur eine zweite Welt im Sittlichen erschlossen, und in dieser habe er nun seinen Ideen ihren Ort gegeben[191].

Sokrates Philosophie behandelt zwei zentrale Themen: das Problem des Wissens und das Wertproblem. Zum Wissen gehört nach Sokrates die Bildung von Allgemeinbegriffen: durch das Studium vieler Einzelfälle erkennen wir das Gemeinsame. Über den Einzelfall kann man subjektiv meinen, er ist vorübergehend, erst das immer gleiche in der Summe der Einzelfälle führt zum bleibenden Wesentlichen. In methodologischem Ansatz bestimmt er somit Wissenschaft als das induktive Aufsuchen des Allgemeinen und bereitet damit den Weg zur platonischen Ideenlehre.

Nach Frank[192] besteht das System der platonische Metaphysik einerseits aus der Vorstellung des ewigen und allgemeinen Seins der Ideen

> und die im unaufhörlichen Fluss des Werdens und der Bewegung existierende Natur andererseits, also sokratische Dialektik und kratyleische Physik. Nach

189 Mittelstraß, S. 236f.

190 Mittelstraß, s. o.

191 Frank, S. 122.

192 Ibid., S. 123.

dem Vorbild des Kraytlos als ewig bewegter Fluss gefassten Gegenstände der Sinneswahrnehmung erhielten jetzt dagegen von Plato ihren Ort neben den Ideen, von denen ‚sie erst ihren Namen haben[193].

Die Mathematik wird nun für Platon zum verbindenden ‚Mittelglied' zwischen den beiden Teilen seines philosophisch-pädagogischen Systems. Um dies zu verdeutlichen dient das Liniengleichnis.

14.1 Das Liniengleichnis (VI 509d6-511e5)

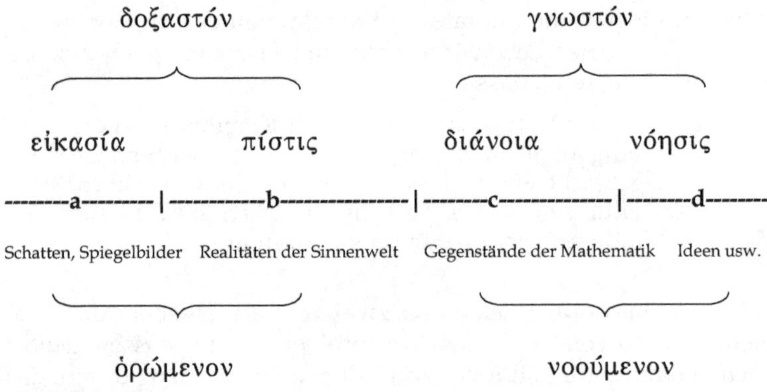

Die waagerechte Linie ist ungleich verteilt, beide Teile sind im gleichen Verhältnis nochmals in sich geteilt. Die Hauptteilung ergibt die Unterscheidung zwischen dem ὁρώμενον (dem sichtbaren, d. h. sinnlich wahrnehmbaren Bereich) und dem νοούμενον (dem denkbaren Bereich). Die Unterteilung des ὁρώμενον führt zu der Unterscheidung zwischen den sinnlich wahrnehmbaren Dingen und ihren Abbildungen (Schatten usw.). Das νοούμενον setzt sich aus den Gegenständen der Mathematik und den Ideen zusammen.

Die Gegenstände der Mathematik, der Geometrie wie der Arithmetik, stellen also ein Mittleres dar zwischen den Dingen der Sinnenwelt und den Ideen. Wer sich mit ihnen befasst, bedient sich oft zwar sichtbarer Gestalten, z. B. eines an der Tafel gezeichneten Quadrats, meint aber etwas wovon diese sichtbaren Gestalten nur

---

193 Ibid., S. 122.

Nachbilder sind, nämlich das Quadrat, die Diagonale an sich, also etwa Gedankliches.

Platon stellt das mathematische Denken zwischen der sinnlichen Wahrnehmung und dem vernunftgemäßen Denken (noetische Erkenntnis). Idee und Noesis sind einander zugeordnet. Die Mathematik kann auf Grund ihrer geistigen Anschauung Axiome aufstellen und sie kann diese als Grundlage für die Darstellung ihrer Begriffe im Bereich des sinnlich Wahrnehmbaren darstellen. So können wir die geometrischen Darstellungen als Mittler zwischen der Erscheinung und der Idee ansehen.

Bemerkenswert ist auch das mathematische Prinzip, das hier in der gesamten Ontologie enthalten ist. Die angegebene Art der Linienteilung lässt folgende Proportionen zu:
$a : b = c : d$; $(a + b) : (c + d) = a : b = c : d$ und die dazu möglichen Varianten. Eine zahlenmäßige Angabe, aus der ein absolutes Größenverhältnis der Strecken zueinander ersichtlich wäre, fehlt jedoch.

Die verschiedenen Abschnitte in der Gliederung des Seins entsprechen verschiedenen Erkenntnisweisen einer mit sich steigernden Deutlichkeit und Klarheit. Das ὁρώμενον ist δοξαστόν, d. h. man kann von ihm eine bloße Meinung (δόξα) haben; das νοούμενον ist γνωστόν, d. h. man kann darüber zu einer Einsicht (γνώμη) oder zu einem Wissen (ἐπιστήμη) gelangen. Im einzelnen gibt es über Schatten usw. lediglich eine Vermutung (εἰκασία), über die sichtbaren Gegenstände eine vertrauenswürdige Ansicht (πίστις). Im mathematischen Bereich ist eine Verstandeserkenntnis (διάνοια) möglich. Diese besteht darin, dass man von gewissen Hypothesen (Voraussetzungen) ausgehend folgerichtig zum gesuchten Beweis gelangt. Platon maß dieser Art wissenschaftlicher Betätigung höchsten Wert bei. Nur wer darin geschult war, fand Einlass in die Akademie.

Und doch bleibt die Mathematik für Platon nur Vorbild, nur didaktischer Weg zur wahren Erkenntnis. Das Reich der Ideen umfasst ja nicht nur mathematische, sondern auch ganz andere Objekte. Deshalb erstreckt sich das Ideengefüge, mit dem der menschliche Geist von Geburt an ausgestattet ist, auch auf nichtmathematische Bereiche, auf Sein und Nichtsein, Ähnlichkeit und Unähnlichkeit, Gleichheit und Verschiedenheit, auf das Schöne und Hässliche, auf Gut und Böse. „So dass wir notwendig von diesem allen die Erkenntnisse, schon ehe wir geboren wurden, erhalten haben." (*Phaidon*, 75d3-5) und an anderer Stelle (*Phaidon*, 66d7-9) heißt es:

> Sondern es ist uns wirklich ganz klar, dass wenn wir je etwas rein erkennen wollen, wir uns von ihm losmachen und mit der Seele selbst die Dinge selbst schauen müssen.

Die Zuordnung der einzelnen Linienabschnitte wird in Anlehnung an das Sonnengleichnis gelingen. Schwieriger ist die Beschreibung der Methoden zu verstehen, die im noetischen Bereich unterschieden werden und jeweils zwei Bereiche umfassen:

Die Methode der Fachwissenschaften: Sie gehen induktiv vom Erfahrungsbereich („τοῖς ὁρωμένοις εἴδεσι", „sichtbaren Gestalten bedienend", VI 510d4) aus. Die allgemeinen Aussagen und Gesetzmäßigkeiten aber, die sie über die Wirklichkeit aufstellen, beanspruchen ideale Gültigkeit, gelten also für das Ding an sich. Den konkreten Dingen kommt dabei in ihrer Vielzahl und Beliebigkeit nur mehr die Bedeutung annähernder Beispiele, von Abbildungen des einen idealen Gegenstandes zu. Der Verweis auf den Unterschied zwischen dem jeweils gezeichneten und dem einen nur in Gedanken existierenden Viereck leuchtet ein. Wir erinnern uns auch an das Verhältnis von Real- und Idealstaat. Bei dieser Forschungsweise unterziehen nun die Fachwissenschaftler ihre vorausgesetzten Grundlagen (ὑποθέσεις, VI 510c6) keiner weiteren Prüfung mehr; bei diesen unmittelbar einleuchtenden (evidenten) Axiomen (Beispiele werden in VI 510c4 genannt) endet die Aufgabe der Einzelwissenschaften (τελευτήν, VI 510b6); sie dringen nicht zu einem voraussetzungslosen Anfang (ἀρχὴν, VI 510b7) vor. Gerade dies ist die Aufgabe der Philosophie und ihrer dialektischen Methode (τῇ τοῦ διαλέγεσθαι δυνάμει, VI 511b4). Sie steigt von den ὑποθέσεις als wirklichem Ausgangspunkt auf und gelangt auf rein begrifflichem Weg, also ohne empirische Beobachtungen zur Erkenntnis einer letzten, ihrerseits voraussetzungslosen Ursache (τὴν τοῦ παντὸς ἀρχὴν, VI 511b7), die im Sonnengleichnis als die Idee des Guten dargestellt ist. Die Umkehrung der Methode, also die Anwendung der höchsten Einsicht auf das Denken insgesamt, ist dabei ebenso erforderlich wie die Anwendung mathematischer Sätze oder überhaupt wissenschaftlicher Ergebnisse auf die Wirklichkeit des Alltagslebens.

Um ‚unsere Natur, was Bildung und Unbildung angeht' zu veranschaulichen, erzählt Sokrates nach dem Liniengleichnis sogleich noch das Höhlengleichnis. An dem Höhlengleichnis lässt sich wohl am eindringlichsten die Bedeutung der Mathematik für Platon festmachen, deren Erkenntnisse für ihn Einblicke in das Reich der Ideen darstellen.

14.2 Das Höhlengleichnis (VII 514a1-517c6)

In dem Höhlengleichnis nimmt die Mathematik einen zentralen Platz ein; und man hat behauptet, die Ideenlehre sei daraus erwachsen, dass Platon die Mathematik als Vorbild für alle anderen Wirklichkeiten betrachtet habe.[194]

Die ‚Vorspiel'-Funktion der Mathematik wird in der Bildersprache des Höhlengleichnisses erläutert als die „notwendige ‚Lösung' der Seele aus den Fesseln der Sinnlichkeit und ihre Hinwendung zum Intelligiblen (VII 532 b-c)."[195]

Von der Umwendung der Gefangenen heißt es an späterer Stelle (VII 521c5-c8):

> Das ist nun freilich, scheint es, nicht wie sich eine Scherbe umwendet (περιστροφή), sondern es ist eine Umlenkung (περιαγωγὴ) der Seele, welche aus einem gleichsam nächtlichen Tage zu dem wahren Tage des Seienden jene Auffahrt (ἐπάνοδον) antritt, welche wir eben die, wahre Philosophie nennen wollen.

---

194 Und dies ist keineswegs nur in der Mathematik so, denn die ganze Naturwissenschaft rechnet mit Durchschnittswerten, mit deren Annahme die Welt der reinen Fakten verlassen wird. Ansonsten wäre man gezwungen, an den faktischen Einzelergebnissen festzuhalten, da sie allein positiv gegeben wären. Dies wird mit der Annahme des Durchschnittswertes aber überschritten. Wenn z. B. das spezifische Gewicht eines Stoffes bestimmt werden soll, erhält man nie genau den gleichen Wert, sondern eine Streuung der Werte in einem gewissen Bereich. Dies liegt nicht nur in der Fehlerhaftigkeit der Messungen begründet, sondern auch in der grundlegenden Eigenschaft der Gegenstandswelt, nicht vollkommen bestimmbar zu sein (‚Heisenbergsche Unschärferelation'). Nur die differierenden, einzelnen Ergebnisse sind aber faktisch gefunden und somit wirklich positiv gegeben. Der Durchschnittswert dagegen wird errechnet, so dass hier eine ideale Welt an die Stelle des positiv Gegebenen gesetzt wird. Platon brach damit als erster mit dem Urteil des Alltags sowie mit den Auffassungen des Sensualismus und des Positivismus, wonach der Gegenstand der Wissenschaft die unmittelbare, sinnliche Erscheinungswelt sein solle. Platon hat so als erster festgestellt, dass es für die Wissenschaft das ‚unmittelbar in der Sinneserfahrung Gegebene' eben nicht gibt.

195 Szlezák, S. 313.

Die Philosophie wird hier verstanden als ,Aufstieg', und dieser Aufstieg geht nicht ins Unendliche weiter, sondern endet dann, wenn das Licht des wahren Tages erreicht ist. Dieser Aufstieg geschieht nun mit Hilfe der ,Dialektik', d. h. mit Hilfe der Worte und Begriffe. Und diese Dialektik führt ans Ziel. Das wird in der Erklärung des Höhlengleichnisses (VII 532a5-b2) ganz klar gesagt:

> So auch wenn einer unternimmt Rede zu geben (τῷ διαλέγεσθαι), der zielt ohne alle Wahrnehmung nur mittelst des Wortes und Gedanken auf das selbst was jedes ist; und wenn er nicht eher ablässt, bis er, was das Gute selbst ist, mit der Erkenntnis gefasst hat, dann ist er an dem Ziel alles Erkennbaren, wie jener dort am Ziel alles Sichtbaren (τῷ τοῦ νοητοῦ τέλει).

Und an späterer Stelle (VII 532d8-e4) heißt es:

> Sprich daher, welches ist das eigentümliche Wesen der Dialektik, in was für Arten zerfällt sie, und welches sind die Wege zu ihr; denn diese wären es nun endlich, dünkt mich, die dahin führen, wo für den Angekommenen Ruhe ist vom Wege (ὁδοῦ ἀνάπαυλα) und Ende der Wanderschaft (τέλος τῆς πορείας).

Das Verhältnis von Mathematik und Dialektik vergleicht Platon mit dem Verhältnis von ,Vorspiel' und ,Weise' (προοιμίον - νόμος, VII 531d7/8). Die dialektische ,Weise' soll das behandeln, was im Sonnen- und Höhlengleichnis durch die Sonne als das höchste Erkenntnisziel im Bereich des Sichtbaren versinnbildlicht worden war, d. h. das Gute selbst (VII 531d-532b). Die „Dialektik", so Kersting[196],

> ist eine selbständige, sich vornehmlich mit nicht-mathematischen Gegenständen wie Gerechtigkeit, Wahrheit, Tapferkeit beschäftigende Methode, die nur darum durch die mathematische Wissenschaft Unterstützung erhält, weil der Zögling im mathematischen Studium der Erfahrungswelt entwöhnt wird und Geschicklichkeit im Umgang mit Gedankendingen entwickeln kann, wodurch dann in seiner Seele eine immer größere Empfänglichkeit für Wahrheit und Sein entsteht.

Platons Begriff der Philosophie gründet also in dem Gedanken, dass es einen Weg aus der Vielheitserkenntnis des Alltags zu ei-

---

196 Kersting, S. 256.

ner letzten, äußersten Erkenntnis des Einen gibt, das mit dem Guten und dem Schönen selbst identisch ist.[197]

Wie aber wird dieser Weg von der Vielheit zur Einheit zurückgelegt? Platon hat es bereits ausgesprochen: mit Hilfe der Dialektik, mit Hilfe der Begriffe, Urteile und Schlüsse. Der Weg des Platonischen Philosophierens ist ein rationaler Weg. Das Ziel aber liegt jenseits des Bereichs des Rationalen.

Man muss aber unterscheiden zwischen den Begriffen und dem, was die Begriffe begreifen wollen. Von diesem redet Platon, wenn er die ans Ende gelangte Erkenntnis als ein Schauen, ein unmittelbares Erkennen bezeichnet, so z. B. im *Phaidros,* wo die höchste philosophische Erkenntnis als „Anschauung der Seienden" (248b5, „τοῦ ὄντος θέας") beschrieben wird.

Die Frage nach dem ontologischen Status der Ideen zieht als eine fundamentale Achse durch die gesamte Philosophie.[198] Platon selbst sieht die Schwierigkeit für den naiven ‚Alltags-Realismus' und die Philosophie-Didaktik:

> [...] wenn diese [Begriffe, hier: εἴδη] Ideen (ἰδέαι) der Dinge sein sollen und jemand jedes an sich als Begriff setzen will. So dass wer es anhört bedenklich werden muss und bestreiten, dass es dergleichen überall gäbe, oder wenn ja, dass sie ganz notwendig der menschlichen Natur unerkennbar sein müssten. [...] Und sehr wohlbegabt muss der sein, der dies soll begreifen können, dass es eine Gattung gibt jedes einzelnen, und ein Wesen an sich; noch vortrefflicher aber der welcher es herausfindet und dies alles gehörig auseinandersetzend auch andere lehren kann (*Parmenides* 135a1-b3).

> Die Idee, *so Hönigswald*[199], ist der Rechtsgrund für alle Urteile der Wahrheit, Güte oder Schönheit; sie bedingt die Möglichkeit dieser Bezeichnungen und die Bestimmtheit des Bezeichneten. Sie enthält den Sinn jener; den Sinn zugleich ihres Bezugs auf das Bezeichnete

---

197 Dies hat zuletzt Konrad Gaiser durch sein Ernstnehmen der Berichte über Platons Vorlesung „Über das Gute", Περὶ Τἀγαθοῦ gezeigt.

198 Vom erstaunlichen Missverstehen des Aristoteles (Ideen haben Substanz), über die Kyniker und die Stoa, von der Auffächerung im Universalienstreit, den zwei Welten Kants (intelligibel-empirisch) bis zum deutschen Idealismus, dem Empirismus, der epoché und eidetischen Reduktion des Phänomenalismus bis hin zum Existentialismus Sartres und Heideggers.

199 Hönigswald, S. 19.

> oder Zu-Bezeichnende, auf das durch sein Bezeichnetsein selbst erst Bestimmte. So ist sie, obschon gleich dem herakleitischen lógos gedacht, den Wechselfällen des denkenden Erlebens, wie den empirischen Wandlungen des bezeichneten Dings gegenüber dennoch unwandelbar. Sie geht beiden voraus.

Wilhelm Nestle kommentiert die Ideenlehre folgendermaßen[200]:

> Im Mittelpunkt steht der „Riesenkampf um das Sein" (*Sophistes* 246a). Er [Platon] sucht den Gegensatz zwischen dem ewigen Werden und Vergehen des Heraklit und dem unvergänglichen Sein des Parmenides aufzulösen, in dem er jenes der Welt der Materie, dieses der Welt der Ideen zuweist. So erweitert sich ihm der von den Phythagoreern übernommene anthropologische Dualismus von Leib und Seele zu einem kosmischen.

Für Paul Natorp als Neukantianer der Marburger Schule sind die Ideen, als „reine Erkenntnisse" aus den „Gesetzen des Denkverfahrens selbst entwickelt"[201], gewissermaßen „die Entdeckung des a priori"[202]. Natorp ist der Ansicht, „dass die Ideen Gesetze, nicht Dinge bedeuten"[203] und erläutert dies an anderer Stelle so:

> So war dieses Wort [εἶδος] wie ausersehen um die Entdeckung des Logischen, das ist der eigenen Gesetzlichkeit, kraft deren das Denken sich seinen Gegenstand gleichsam hinschauend gestaltet.

Für Johannes Hirschberger[204] ist dies wiederum eine „typisch moderne Umdeutung", die

> darauf hinausläuft, die Idee als etwas objektiv Wirkliches zu beseitigen. [...] So dachte kein Grieche. Er versteht den „Gegenstand" immer realistisch und dualistisch, lässt ihn wirklich dem Geiste gegenüberstehen [...].

Auch Wilhelm Windelbrand sieht die Ideen als „metaphysische Realität"[205] oder „immaterielle Wirklichkeit"[206].

---

200 Nestle, Vorwort XXII

201 Natorp, S. 34.

202 Ibid., S. 42.

203 Natorp, Vorwort, X.

204 Hirschberger, S. 98.

205 Windelbrand, S. 100.

206 Ibid., S. 99.

> Diese unkörperliche Welt ist auch nicht bloß ein Reich logisch bestimmter Formen, für die […] nicht ein Sein oder ein höheres Sein, sondern „ein Gelten" in Anspruch genommen würde.

Diese Auffassung liege

> freilich für das moderne, durch Kant bestimmte erkenntnistheoretische Denken nahe […]. Aber man muss sich darüber klar sein, dass es eine Umdeutung ist, die dem historischen Platonismus durchaus fern liegt.[207]

---

207 Windelbrand bezieht sich hier allerdings auf Lotze, *Logik* (1874), § 317ff.

15 Schlussbemerkung

Platons Antwort auf die Krise seiner Zeit bestand in der Entwicklung eines ganz neuen Begriffs von Philosophie. Jaeger schreibt dazu[208]:

> Erst durch Plato hat das Wort immer mehr die Bedeutung „Wissenschaft" erlangt, aber auch bei ihm ist der Sinn der Bedeutungsgleichung der, dass dieses Wissen eben das eigentlich Bildende sei.

Der Begriff ‚Philosophie' wird deutlich durch eine Gegenüberstellung zu der Auffassung von Philosophie, wie sie zu seiner Zeit üblich war. In der Sophistik heißt ‚Philosophie' eigentlich so viel wie rationale Weltauffassung. Es wird als eine wissenschaftliche Betätigung bzw. Bildung verstanden, die man durch Bezahlung erhalten kann. Im Volk verstand man unter den Philosophen Atheisten und Wortedrechsler, die nutzlose oder gefährliche Ansichten verbreiteten. Plastisch hat diese Vorstellung Aristophanes in seinen *Wolken* zum Ausdruck gebracht.

> Plato ist in dieser Hinsicht weit über die Sophisten hinausgegangen, er ist durch seine Hochschätzung der reinen Wissenschaft als Erziehungsorgan zum Begründer einer neuen Form der Erziehung geworden, welche in ihrem Kern ganz auf Wissenschaft gegründet ist. Gerade hierin ist seine Schöpfung der Prototyp der abendländischen „Kultur" geworden.[209]

Das Programm der Erziehung ist nicht

> ein Einzelproblem seines Denkens, Erziehung ist sein ganzes Werk, denn Erziehung ist für ihn der einzige und eigentliche Sinn des Staates

schreibt Jaeger[210] über Platon.

Nach Platon muss der Mensch, wenn er sich selbst verwirklichen will, nach absoluten Wahrheiten suchen, welche es dann ermöglichen sollen, endgültig und ohne Zweideutigkeit, die Verhaltensregeln der vollkommenen Gesellschaft festzulegen. Auf diese Weise schuf Platon auch das ethische Prinzip, um das herum sich die europäische Kultur noch heute dreht: Sie hat es nötig, die ei-

---

208 Jaeger (1928), S. 35.

209 Ibid., S. 44.

210 Ibid., S. 42.

genen Werte zu rechtfertigen, die Natur zu erforschen – sie hat auch das Bedürfnis nach Philosophie und Wissenschaft. Die griechische Philosophie und vor allem Platon sind auch der Ursprung eines anderen Aspektes unserer Kultur, des objektivierenden Gedankens, der nicht nur absolute, sondern auch sprachlich ausdrückbare Wahrheiten erkennen will. Die Nachforschung des platonischen Sokrates dreht sich um die genaue und sagbare Definition von Konzepten wie Gerechtigkeit, Gutes und Tugend. Durch den Ausdruck können Denkprozesse in Form von mündlichen und schriftlichen Symbolen analysiert werden. Auf diese Weise schuf die griechische Philosophie die Grundlagen für eine progressive Mechanisierung des Gedankens selbst.

Kersting[211] bemerkt dazu:

> Obwohl Platon überzeugt war, dass seine Zeit heillos und verloren war, dass Rettung nur von der philosophischen Erkenntnis kommen kann, die, göttergleich, den „Anfang des Alls" berührt und die Idee des Guten geschaut hat, obwohl er auch in seiner Darstellung des Philosophenkönigtums wie selbstverständlich von dem Gelingen einer solchen letzte Begründung anstrebenden Wesenserkenntnis ausgeht, war er doch auch in hohem Maße redlicher Skeptiker, der zumindest daran zweifelt, dass ihm die Einlösung seines eigenen Programms gelingen könnte.

Dass Platon in der Tat niemals aufgehört hat, an die Möglichkeit zu glauben, die Gemeinschaft könnte durch Einsicht, wenn diese nur evident genug gemacht würde, zu einer höheren Stufe von Sittlichkeit hinaufgehoben werden, bezeugen nicht nur seine wiederholten Versuche (z. B. die Reisen nach Syrakus), rationale Erkenntnis durch Einwirkung auf die Führung eines Staates in praktische Politik umzusetzen. Das waren eher Proben aufs Exempel (die freilich scheiterten). Sein Erziehungsoptimismus, der durch alle skeptischen, resignierten Äußerungen immer wieder durchbricht, zeigt sich vielmehr darin, dass er nie aufhörte zu publizieren. Denn seine Schriften stellen ja ein intensives Werben, einen unermüdlichen Appell an die Öffentlichkeit dar. Wäre es Platon um das reine, ungestörte Erkenntnisglück des Wissenden gegangen, dann hätte er die Schriftlichkeit zurückgewiesen. Pythagoras, von dem er stark beeinflusst war, hatte diese Konsequenz gezogen. Stattdessen hat er, Platon, die Schriftlichkeit mit

---

211 Kersting, S. 257.

höchstem Einsatz, durch Ausschöpfung aller Mittel, die sie bieten kann und die gerade ihm in ungewöhnlich hohem Maße zu Gebote standen, genutzt. Dass eine wirkliche, verinnerlichte Wende allein durch Schriftlichkeit nicht kommen kann, war ihm dabei bewusst.

Platon liefert uns ein Bildungsbegriff, der nicht auf Informationsfülle und Anhäufung von Realwissen ausgeht, sondern dazu befähigen will, von prinzipiellen Einsichten aus die empirische Welt verstandesmäßig zu durchdringen; der weiterhin betont, dass Bildungsvollzug als schrittweise Weitung des Blickfeldes einer zunächst schmerzhaften ständigen Einübung (Gewöhnung) bedarf, jedenfalls keinen vordergründigen Lustgewinn verspricht; schließlich feststellt, dass Bildung nicht das private Glück einer Bildungselite bezweckt, sondern einen gesellschaftlichen Imperativ an eine sich durch Leistung legitimierende Führungsschicht einschließt.

Platon hat ‚die Philosophie' im engeren Sinne als eine besondere kulturelle Gattung ‚geschaffen', indem er die Vernunft neu definiert hat: als ein eigenständiger Bereich des Wissens, mit einer eigenen Methode und einer eigenen Aufgabe. In dem Sinne, dass Platon ein Modell geschaffen hat, auf das sich alles Philosophieren nach ihm - positiv oder kritisch - beziehen muss, sind wir alle, „ob wir wollen oder nicht, ob es uns irritiert oder erfreut, noch heute Schüler Platons."[212] „Philosophie", so schreibt Jaeger[213], ist bei Platon „zur Religion des Geistes geworden, sie ist vita nuova, Erneuerung der Werte".

212 Châtelet, S. 68.

213 Jaeger (1928), S. 45.

16 Literaturverzeichnis

Primärliteratur der antiken Philosophen

Aristoteles (1989): *Metaphysik,* Bd. I, II, übers. von Bonitz H. und hrsg. von Seidel H., Hamburg.

Aristoteles (1999): *Nikomachische Ethik,* übers. von Dirlmeier F., Stuttgart.

Aristoteles ([4]1981): *Politik,* übers. von Rolfes E. und hrsg. von Bien G., Hamburg.

Diogenes Laertius (1921), übers. von Apelt O., 2 Bd., Leipzig.

Euklid (1969): *Die Elemente,* hrsg. von Thaer C., Darmstadt.

Platon (1988): *Sämtliche Dialoge in sieben Bänden,* übers. und hrsg. von Apelt O., Hamburg.

Platon (1991): *Sämtliche Werke, Griechisch-Deutsch,* Bd. I-VI, übersetzt von F. Schleichermacher, Frankfurt am Main.

Plutarchos, *Moralia,* Bd. IV, (Quaestionum conviavalium, VIII. Buch), hrsg. von Bernardakis G. N., Leipzig 1892.

Procli Diadochi, *Primum Euclidis Elementorum Librum (gr.), Comentarii,* hrsg. von Friedlein G., Leipzig 1873.

Sophokles (1955): *Antigone,* übersetzt von Wilhelm Kuchenmüller, Stuttgart.

Vitruvius (1981): *Zehn Bücher über Architektur,* hrsg. von Fensterbusch C., Darmstadt.

Sekundärliteratur

Annas, J. (1988): *Platon,* in: Fetcher; Iring und Münkler, Herfried (Hrsg.), *Pipers Handbuch der politischen Ideen,* 369-395, München.

Apelt, O. ([3]1955): *Philebos/Platon,* übers. u. erl. von Otto Apelt, Hamburg.

Arendt, H. ([7]1992): *Vita activa oder vom tätigen Leben,* München.

Bajlicz K. (1993): *Quadrivium – mathematischer Bildungskanon in Antike und Mittelalter,* Wien.

Baudler, G. (1994): *Töten oder Lieben. Gewalt und Gewaltlosigkeit in Religion und Christentum,* München.

Becker, O. (1957): *Das mathematische Denken der Antike,* Göttingen.

Becker, O. ([2]1964): *Grundlagen der Mathematik in geschichtlicher Entwicklung,* Freiburg im Brsg.

Becker, O. ([2]1973): *Mathematische Existenz. Untersuchungen zur Logik und Ontologie mathematischer Phänomene,* Tübingen.

Blumenberg, H. (1989): *Höhlenausgänge,* Frankfurt am Main.

Bormann, K. ([2]1987): *Platon,* Freiburg im Brsg.

Bonet, E. M. (Hrsg.) (1988): *Das Realismusproblem,* Wien.

Burkert, W. (1962): *Weisheit und Wissenschaft, Studien zu Pythagoras, Philolaos und Platon,* Nürnberg.

Cantor, M. ([3]1907): *Geschichte der Mathematik-Vorlesungen über Geschichte der Mathematik,* Bd. 1, Leipzig.

Cantor, G. (1966): *Abhandlungen mathematischen und philosophischen Inhalts,* hrsg. von Zermelo E., Hildesheim.

Cassirer, E. (1974): *Das Erkenntnisproblem in der Philosophie und Wissenschaft der neueren Zeit, Bd. 1,* Darmstadt.

Cassirer, E. (1996): *Versuch über den Menschen – Einführung in eine Philosophie der Kultur,* Hamburg.

Châtelet, F. (1973): *Platon,* in: *Geschichte der Philosophie,* Bd. 1 *Die heidnische Philosophie,* S. 67-127, Frankfurt am Main.

Dilke, O. A. W. (1991): *Mathematik, Maße und Gewichte in der Antike,* Stuttgart.

Duden ([6]1999): *Schülerduden Mathematik* I, Mannheim.

Eckstein, F. ([6]1974): *Abriß der griechischen Philosophie,* Frankfurt am Main.

Frank, E. ([2]1962): *Plato und die sogenannten Pythagoreer. Ein Kapitel aus der Geschichte des Griechischen Geistes,* Darmstadt.

Friedländer, P. ([3]1964): *Platon,* Bd. I, II, Berlin.

Fritz, K. v. (1969): *Platon, Theaetet und die antike Mathematik,* Darmstadt.

Fuchs, W. R. (1979): *Formel und Phantasie – Eine Weltgeschichte der Mathematik,* Reinbek.

Gaiser, K. (1972): *Platons Menon und die Akademie,* in: *Das Problem der ungeschriebenen Lehre Platons,* Hrsg. Wippern, J., Darmstadt.

Gaiser, K. ([3]1998): *Platons ungeschriebene Lehre: Studien zur systematischen und geschichtlichen Begründung der Wissenschaften in der Platonischen Schule,* Stuttgart.

Gaiser, K. (1986): *Platons Zusammenschau der mathematischen Wissenschaften,* in: *Antike und Abendland,* Bd. 32, Heft 2, Berlin/New York.

Görgemanns, H. (Hrsg.) (1987): *Die griechische Literatur in Text und Darstellung – Klassische Periode II, Band 3,* Stuttgart.

Guthrie, W. K. C. (1975): *A History of Greek Philosohpy,* Cambrigde.

Hankel, H. (1874): *Zur Geschichte der Mathematik im Altertum und Mittelalter,* Leipzig.

Heiberg, I. L. (1925): *Geschichte der Mathematik und Naturwissenschaft im Altertum,* in: *Handbuch der Altertumswissenschaft,* hrsg. von Walter, O., Bd. 5, 1. Abt., 2. Hälfte, München.

Hildebrandt, K. (1933): *Platon,* Berlin.

Hirschberger, J. (1952): *Geschichte der Philosophie,* Freiburg im Brsg.

Hönigswald, R. (1966): *Geschichte der Erkenntnistheorie,* Darmstadt.

Hoppe, E. (1911): *Mathematik und Astronomie im klassischen Altertum,* Heidelberg.

Jaeger, W. ([2]1954): *Paideia. Die Formung des griechischen Menschen,* 2. Bd., Berlin.

Jaeger, W. (1928): *Platos Stellung im Aufbau der griechischen Bildung. Ein Entwurf*, Berlin.

Keith, D. (1992): *Sternstunden der modernen Mathematik,* München.

Kersting, W. (1999): *Platons „Staat"*, Darmstadt.

Koller, H. (1954): *Die Mimesis in der Antike,* Bern.

Kowalewski, G. (1938): *Große Mathematiker,* München.

Krefeld, H. ([7]1993): *Hellenika,* Berlin.

Kuhn, H. (1968): *Platon und die Grenze philosophischer Mitteilung,* in: Gadamer H. G. (Hrsg.), *Idee und Zahl, Studien zur platonischen Philosophie,* Heidelberg.

Lauffer, S. (1971): *Kurze Geschichte der antiken Welt, Griechenland,* München. Mainzer, K. (1984): *Mathematik,* in: Mittelstraß (Hrsg.) „Enzyklopädie Philosophie und Wissenschaftstheorie". S. 800-804, Mannheim.

Meschkowski, H. ([2]1984): *Problemgeschichte der Mathematik,* Mannheim.

Mittelstraß, J. (1997): *Die Dialektik und ihre wissenschaftlichen Vorübungen,* in: Höffe, O. (Hrsg.), *Platon. Politeia,* S. 229-249, Berlin.

Natorp, P. (1994): *Platos Ideenlehre: eine Einführung in den Idealismus,* Hamburg.

Nestle, W. ([7]1965): *Hauptwerke. Platon,* ausgew. u. eingeleitet von Wilhelm Nestle Stuttgart.

Nikolaus von Cues ([2]1979): *Die mathematischen Schriften,* übersetzt von Josepha Hofmann mit einer Einführung und Anmerkungen versehen von Joseph Ehrenfried Hofmann, im Auftrag der Heidelberger Akademie der Wissenschaften, herausgegeben von Ernst Hoffmann, Paul Wilpert und Karl Bormann, Leipzig 1936-1948, Heft 11, Hamburg.

Nippel, W. ([2]1993): *Politische Theorien der griechisch-römischen Antike,* in: Lieber, H.-J. (Hrsg.), *Politische Theorien von der Antike bis zur Gegenwart,* 17-46, Bonn.

Nöbauer, W., und Kaiser, H. (1984): *Geschichte der Mathematik für den Schulunterricht,* Wien.

Page, T. E. (1949): *The Geography of Strabon, Book VIII, (Greek-English),* London.

Popper, K. ([6]1980): *Die offene Gesellschaft und ihre Feinde. Der Zauber Platons.* Bd. 1, Tübingen.

Richter, L. (1961): *Zur Wissenschaftslehre von der Musik bei Platon und Aristoteles,* Berlin.

Schubert, A. (1995): *Platon: „Der Staat": ein einführender Kommentar,* Paderborn.

Siebert, H. (1984): *Die Notwendigkeit des Wirtschaftens,* in: Kindlers Enzyklopädie ‚Der Mensch', Zürich.

Siebers, T. (1992): *Morals & Stories,* New York.

Simon, M. (1909): *Geschichte der Mathematik im Altertum,* Berlin.

Stenzel, J. (1924): *Zahl und Gestalt bei Platon und Aristoteles,* Leipzig.

Struik, D. J. ([4]1967): *Abriss der Geschichte der Mathematik,* Braunschweig.

Szabó, A. (1992): *Platons Dialektik. Die frühen und mittleren Dialoge,* Berlin.

Szlezák, T. A. (1985): *Platon und die Schriftlichkeit der Philosophie: Interpretation zu den frühen und mittleren Dialogen,* Berlin.

Toeplitz, O. (1929): *Das Verhältnis von Mathematik und Ideenlehre bei Plato,* in der Reihe: *Quellen und Studien zur Geschichte der Mathematik, Astronomie und Physik,* Bd. 1., Heft 1, Jg. 1929, Berlin.

Tropfke, J. (1937): *Geschichte der Elementar-Mathematik, Proportionen, Gleichungen,* Bd. 3, Berlin.

Usener, H. (1886): *Preußische Jahrbücher Bd. 53,* hrsg. von Treschke-Delbrück, Berlin.

Vlastos, G. (1975): *Plato's Universe,* Seattle.

Vogt, H. (1910): *Die Entdeckungsgeschichte des Irrationalen nach Plato und anderen Quellen des 4. Jahrhunderts,* Bibliotheca Mathematica, 3. Folge, 10. Bd., Leipzig.

Vorländer, K. ([9]1949): *Geschichte der Philosophie. Erster Band. Altertum und Mittelalter,* Hamburg.

Waerden, B. L. van der (1943): *Die Harmonielehre der Pythagoreer,* in Hermes 78.

Waerden, B. L. van der (1979): *Die Pythagoreer,* Zürich.

Waerden, B. L. van der ([2]1966): *Erwachsene Wissenschaft*, Basel/Stuttgart.

Weizsäcker, C. F. v. (1971): *Platonische Naturwissenschaft im Laufe der Geschichte*, Göttingen.

Windelbrand, W. ([14]1950): *Lehrbuch der Geschichte der Philosophie*, Tübingen.

Wippern, J. (Hrsg.) (1981): *Das Problem der ungeschriebenen Lehre Platons*, in: *Wege der Forschung*, Bd. 186, Darmstadt.

Wolf, U. (1996): *Die Suche nach dem guten Leben. Platons Frühdialoge*, Reinbek.

Wyller E. A. (1970): *Der späte Platon, Tübinger Vorlesungen 1965*, Hamburg.

Zeitfracht Medien GmbH
Ferdinand-Jühlke-Straße 7
99095 Erfurt, Deutschland
produktsicherheit@kolibri360.de